子どもの心を読み解く

心色リーディング
こころ いろ

ふじわら まりこ

はじめに

　子育てを楽しいと感じていますか。
　私は可愛くて、可愛くて、しかたがありませんでしたが、大切な自分の子どもが可愛いと思えない時がありました。
　そんなふうに思う私は、最低な人間、母親の資格がないと思っていました。
　今考えると、子育てはこうでなくてはならない、いい子を育てなくてはいけない、良い母親だと世間に認められないといけない、と。
　今なら、そんな思いが自分を追いつめていたのだと分かります。

　現代の母親は、仕事をもつワーキングマザーやシングルマザーも多く、幼い子どもをもつお母さんたちは日々、家事、仕事、育児に追われています。そして、
　子どもに向き合わなくては…
　子どもを理解してあげなくては…
そんな思いが空回りして、自分をダメなお母さんと思い、苦しんでいませんか。
　ママのこころ…
　子どもに毎日向き合っているが、見ているのに子どものこころが見えていない。そんな自分の本当のこころも見えていない。子どもが何を感じ、何を思っているのか分からない。
　そして、親子の関係を良くしてくれ、子育てが楽しくなるそんな方法

があったら知りたいと思っているのではないでしょうか。
　そんな悩みの解決のヒントをくれるのが「色」です。

　私はカラーセラピストとして活動していますが、カラーセラピーは、資格をもった一部の人だけができるものだと思っていました。しかし、活動を続けるうちに、毎日の生活の中に溢れる色で、私たちは自然にカラーセラピーをしているのだと気がつきました。
　たとえば、朝選ぶ洋服の色、部屋に飾る花の色、私たちは自然に必要な色を選んでいるのです。

　「色」の意味を知ることで、見えないこころを知る。
　それが、簡単で、分かりやすくて、誰にでもできたら…

　私のように　自分は最低の人間だ、母親としての資格がない…と悩む母親が減り、子育てや毎日の生活が楽しいと感じる母親が増えるのではないか。
　世間から良い母親だと認められることが大切なのではなく、自分と子どもとの関係が良いことが重要なのだと気がついて欲しい。
　そんな思いを込めてこの本を書きました。

　この本が、あなたの子育ての悩みを楽にしてくれるヒントになったらうれしく思います。

【目　次】

はじめに　　　1

第1章　ママをイライラさせる6つの「ない」..................7

1. ママをイライラさせる子どもの問題行動【3つの「ない」】　7
   (1) 子どもが言うことをきかない
   (2) 約束を守らない
   (3) 思い通りにならない

2. ママを苦しめる感情【3つの「ない」】　14
   (1) 子どもに愛情がもてない
   (2) 子育てが楽しくない
   (3) 子どもが分からない

第2章　色を使って子育てが楽になる方法..................21

1. 「色」ってなに　　21
   (1) 色の歴史について知ってみよう
   (2) 色の基礎知識
   (3) カラーセラピーってなに
   (4) 私とカラーセラピーとの出会い

2．色の意味　　33
　（1）　好きな色、気になる色、嫌いな色が表すものはなに
　（2）　色の効果

3．親子のコミュニケーションにして、6つの「ない」を解消
　するのにどうやって色を使うの　　40

第3章　実践・心色(こころいろ)リーディング ……………………………43
色で自分の気持ち、そして子どもの気持ちを知ってみよう！

1．心色ってなに　　44

2．心色の基本の12色　　　44

3．心色リーディングしてみよう　　48
　（1）　三連のハートが表す意味を知ろう
　（2）　心色リーディングの基本の12色を使ってリーディングを
　　　してみよう

第4章　心色リーディングで親子のコミュニケーション……61
　　　　具体的な実践編

　1．子どもの良いところに目を向けよう　　　61
　　　（1）　ほめる前に良いところを探そう！　リフレーミング
　　　（2）　色別、ほめ方実践編

　2．コミュニケーションの基本は聴くことから　　　70
　　　（1）　傾　聴
　　　（2）　声のかけ方・伝える力
　　　（3）　色別、聴き方・話し方実践編

おわりに　　　84
〈心色リーディング〉シート　　　91,93,95

　　　　　　　　　　　　　　　　　　　装幀／富山房企畫　滝口裕子

第1章　ママをイライラさせる6つの「ない」

　私が小児科で看護師をしていた時、子育てに悩むママからいろいろな相談を受けました。また、8年前にカラーセラピストの資格を取得してからは、個人セッションで子育ての悩みを聞いてきました。これまでのそうした経験からいえることがあります。

　それは、ママをイライラさせる主な原因は6つある、ということです。私はそれを「6つのない」と名づけました。
　「6つのない」とは、
●3つの「ママをイライラさせる子どもの問題行動」【3つの「ない」】
●3つの「ママを苦しめる感情」【3つの「ない」】
です。
　本章では、これを順を追って見ていきます。そして、なぜ子育てをつらいと感じるのか、なぜイライラするのか、その原因に気づいていきましょう。まずは、「6つのない」のどれかにあてはまっていないか確認してみませんか？

1．ママをイライラさせる子どもの問題行動【3つの「ない」】

⑴　子どもが言うことをきかない

　子育ての悩みの中で、いちばん多く受ける相談。それが、
「子どもが言うことをきかない」

です。先日、こんな相談を受けました。

「子どもが言うことをきかず、悪いことばかりします。怒ってもダメ、ほめると調子にのるんです」

私が「子どもが言うことをきかないと、なにが心配になりますか？」と聞くと、「友だちや先生から嫌われてしまう気がして不安なんです」と言います。

たしかに、ママの言うことをきかず反抗ばかりしてくる子どもを見ていると、こんな不安がよぎります。

「幼稚園に入ったら友だちできるかな」
「先生を困らせて、先生に嫌われてしまわないかな」
「小学校に入って、勉強についていけるのかな」

こうした不安は、放っておくと雪だるまのようにママの心の中で大きくなっていき、やがて不安を通り越して「怒り」が込み上げてきます。すると、子どもはさらに言うことをきかなくなり、ますますママは手を焼きます。この負の連鎖を、私も子どもが小さいころに体験しました。一度負の連鎖が起こると、ママが怒るからいけないのか、子どもが言うことをきかないからいけないのか分からなくなってきます。

このような場合、子どもに任せてみるとよいのです。ママの言うことをきかない、ある女の子がいました。彼女は「水色」が好きな子でした。じつは、水色は自立の始まりを表す色でもあります（なお、色と性格の

関係については第３章で説明します）。それを知らずに、ママが指示をし過ぎると反発します。だから、こう言えばよいのです。

「困った時は言ってね」と。

こう言えば、子どもは「任せてもらっている」と感じ、うまくいきます。

このように、子どもが言うことをきかない理由を色で感じていくと効果的です。

⑵　約束を守らない

「約束を守らない」

これも本当に多い相談です。たとえば、こんなぐあいです。

「学校から帰ってきたら、手を洗って、宿題をすぐやる、って約束をしたのに、帰ってくるとダラダラして手も洗わないし、宿題もやらずに遊びに行ったり、なんだかんだと言いわけばかりして、決めた約束を守らないんです」

この相談をご覧になって、「そうそう…」とうなずかれるママは多いと思います。

こうした相談を受けた時、私がまずお聞きすることがあります。それは「その約束はどうやって決めましたか？」です。

すると、良かれ、と思ってママが一方的に決めているケースが多いのです。私もそうでしたからママの気持ちはよく分かります。私たち大人は子どもたちより長く生きていて、いろいろ経験もしてきています。ですから「帰ってきて手を洗えば病気の予防になる」「宿題は早くやったほうが後が楽」ということを「過去」の経験から知っています。ところが、子どもたちは「今」しか知りません。そのため、こうした約束を守

るメリットが分からないのです。

　そんな子どもを見て、ママは「なんだかんだ言いわけをする」と言います。たしかに、ママからすると言いわけかもしれませんが、子どもからしたら、素直な自分の気持ちや意見なのかもしれません。だからまずは、子どもが言っていることに耳を傾けてみてください。言いわけなのか、意見なのか、冷静になって聞いてみてください。

　それを聞いたうえで、約束を決め直すといいのです。

　わが家ではこんなことがありました。三人の子どもにピアノを習わせていましたが、そのきっかけは、長女が「ピアノを習いたい」と言ったからでした。すると長男も「じつは僕も習いたいと思っていたんだよね」と言います。こうして二人はピアノを習い始めました。

　そこで、私は次男にもそれとなくピアノを勧めてみました。そこには、ピアノを買ったし、という思いと、男の子がピアノを弾けたら格好いいよね、という親の期待と望みがありました。次男を体験入学させると、ほめられてまんざらでもないようすで、「やる」と言いました。

　ところが、長女や長男とちがって、次男の場合、自発的に習いたい、と思って始めたわけではありません。そのため、練習はしない。ピアノ教室でも落ち着きがない。先生から注意を受ける。私から練習しなさいと言われる。ますます嫌になる。まさに負の連鎖です。そんなある日のことです。発表会が嫌だと泣きわめき、暴れだしました。そして「習いたいなんて言ってない」「発表会に出るなんて言ってない」と言います。そのことで私は次男の苦しさがやっと分かりました。しかし、発表会は目前だったので断ることができません。そこで、「発表会を最後に辞めようね」と話すと、納得しました。発表会では立派に弾き、それを最後

に約束通り辞めさせました。

　今、この文章を書きながら、私はなんてひどいことをしていたんだろう…と反省していますが、その時は次男の本当の気持ちに気がつけませんでした。ピアノが弾けることが良いことだと思ってやっていました。ところが次男にしてみたら有難迷惑です。ピアノを買ったから、男の子がピアノを弾けると格好いいから…。それは私たち親の言い分でした。次男も最初はほめられて習ってもいいと思っていたのかもしれませんが、本当はやりたくなかったのです。でも、叱られるから仕方なくやっていたのでしょう。それなのに「やるって言ったでしょ！」「練習しなさい！」「発表会に出て当たり前でしょ」なんて言われると、逃げ場を失ってしまいます。

　ピアノはこの調子でしたが、スイミングは自分でやりたい、と言ったので、きちんと通い、3年生で選手コースに入れました。週3回の練習も嫌がらずに頑張って通い、6年生に入るまで続けることができました。

　その当時、次男の好きな色は「赤」でした。「赤」が好きなお子さんは、体を動かして発散することに向くタイプです。次男も、ピアノより体を動かすスイミングのほうが向いていたのです。ですから、「練習をする」という約束がなくても、スイミングの練習には取り組むことができたのです。

　このように「赤」が好きなお子さんは体育会系のノリにいちばん適応するタイプです。宿題が終わったら外で一緒に遊んだり、勝ち負けにこだわる遊びをしたがります。だから、お子さんが宿題をやっている間にママは洗濯物をたたむなどして、「どちらが早いか勝負」をするなどは

効果的です。そうすれば、宿題をする、という約束をしなくても、子どもは自然に宿題に取り組むようになります。

　第4章では、好きな色のタイプに合わせた約束の取りつけ方や、声かけの仕方をお伝えします。ぜひ参考にして下さい。

　⑶　思い通りにならない
　「子どもが思い通りにならない」、こう嘆くママさんがいます。
　そんなママさんに「子どものなにが思い通りにならないと感じているのでしょうか？」と聞くと、「お友だちが少ない」とか「勉強ができない」と言います。
　この場合、自分の子どもを次のように比較していることが多いのです。

・誰かと比較している。
・自分の中の「子どもはこういうものだ！」という思い込みと比較している。

　こうして比較して、「自分の子どもは違う」と思い、それが「子どもが思い通りにならない」となるのだと思います。

　私もそうでした。長男の幼少期、「子どもって思い通りにならないなぁ…」と思っていました。今は、そんなふうに思っていたこと自体がまちがいで、長男に申しわけないと思っていますが、初めての子育てでは、「子どもはこういうものだ」「子どもはこうあるべきだ」と考えがちです。そして、つい他の子どもたちと比べてしまいます。今は、このように冷

静に振り返ることができますが、当時はそれができませんでした。

　長男は家の中で一人で遊ぶことが多く、トミカ（ミニカー）が大好きでした。実物の車も大好きで、車の本を毎日見ていて、ほとんどの車の名前を憶えていました。そのおかげで車の名前からカタカナもマスターしたので、当時この子は天才だと思っていました。
　しかし、私は「男の子は元気に外で遊ぶもの」と思い込んでいたため、そんな長男を見て、こう思っていました。
　「なぜ友だちと外で遊ばないんだろう」「なぜ家の中で一人でいるのだろう」と。
　そして「友だちがいないのかな」と心配したり、「男の子なのに家で一人で遊ぶなんて」と不安になりました。

　そんな私を救ってくれたのはママ友のひと言でした。あるママ友がこう言ってくれたのです。
　「息子君は家が好きなんだよね。いいよね。うちの子なんて帰ってくると鞄を玄関に放り投げてどこかに行っちゃうの。家が嫌いなのかと思っちゃう」
　この言葉を聞き、「そうなんだ、外に遊びに行かないから不安に思う人と、遊びに行くのに不安に思う人がいるんだ」と気づくことができ、それからというもの、家で一人で遊ぶ息子を見ても「家が好きなんだ」と思え、不安に思わなくなりました。そんな長男も、中学からは別人のように友だちが増え、今では友人関係でなにも不安のない息子に成長しました。

今、思い起こすと、幼少期の長男は「青色」を選ぶことが多かったように思います。「青」が好きだったり、「青」が気になる子どもは一人の時間を過ごさせてあげると安定します。幼稚園や学校は常に団体生活です。そんな息子にとって、帰宅してからの趣味の時間はとても大切な時間だったことが今になって分かります。

　子どもが思い通りにならない、と感じた時、自分は「子ども」にどんなイメージをもっているのか、どんな思い込みをもっているのかを考える良い機会になると思います。

２．ママを苦しめる感情【３つの「ない」】

(1)　子どもに愛情がもてない

　唐突ですが、赤ちゃんができた、と分かった時、皆さんはどんな気持ちでしたか。ちょっと思い出してみてください。

　私は結婚してなかなか子どもができず、３年目に子どもができたことが分かりました。その時、「こんなにうれしいことはない！」と思うくらい、うれしくてうれしくて仕方がありませんでした。妊娠中も出産が楽しみで、長男が生まれた時は、親ばかとは知りながら「こんなに可愛い子は世界中どこにもいない」と思いました。おそらく、多くの方が、私と同じような気持ちになったのではないでしょうか。

　ところが…、です。出産後、しばらくして子育ての現実に直面し、その大変さを知ることになります。私の場合、産後、眠らない息子にイラ

イラして、子育てのきびしい現実を知りました。その後、あやすと笑うようになったりもして、少しずつ子育てに慣れてきたころ、今度はミルクアレルギーからアナフィラキシーショックを起こし、夜中に病院に走るようになりました。その後さらに、アトピーによる湿疹に悩まされました。3歳の時に、引っ越しを引き金にアトピーはひどくなり、血まみれのシーツを毎日洗い、狂ったように家中雑巾がけをしました。それでも痒くて掻きむしる息子を叱っては、毎日イライラしていました。

　そんな日々を過ごしていると、あんなに可愛くて可愛くて仕方がなかった息子が、可愛いと思えなくなりました。子どもが可愛いと思えない母親は最低の人間だと思っていた私は、自分を責めました。

　そんな私を救ってくれたのは、幼稚園で知り合ったママ友のひと言でした。私が苦しい胸の内を伝えると、彼女はこう言ってくれたのです。

　「私もそうだよ。みんな同じだよ」と。

　周りのみんなは子育てがうまくいっていて、自分だけが苦しんでいる。私だけがこんなに子どもを怒ってる。そう思っていましたが、彼女のひと言が、そうではないと気づかせてくれました。

　さらに、実家の母が言ったひと言にハッとさせられました。母は私にこう言ったのです。

　「あなたはおかしいよ。掃除より大切なことがあるでしょ」と。

　このひと言で、「そうだ、もっと大切なことがあるはずだ」と気づくことができました。

　じつは、「子どもに愛情がもてない」というのはよくある相談です。多くのママたちが、この感情で苦しんでいます。私自身もそうでした。だからこそ、相談にみえたママたちの気持ちが痛いほど分かります。「子どもが可愛いと思えない」、そう悩む時点で、あなたは子どもに愛情を

もっているのです。「愛情があるからこそ自分を責め、悩むのですよ」。私はいつも相談者にそうお伝えしています。あなたは愛情のあるママですよ。

(2) 子育てが楽しくない

最初に、次の数字をご覧ください。

これは、子育て家庭を対象に行った「子育てはつらいと感じたことがありますか？」というアンケート結果です。

ある	● 80.6% [3,308 票]
ない	● 13.9% [570 票]
分からない どちらともいえない	● 5.5% [227 票]

■実施日：2015 年 12 月 16 ～ 23 日
■投票数：4,105

（まち comi クエッション（ドリームエリア株式会社）調べ）

このように、約 8 割のママが子育てに不安や、つらさを感じ、楽しくないと感じていることが分かります。

このアンケートの中で、実際に子育てのなにがつらいのかについての回答もあるのですが、それは次のとおりです。

・子どもが言うことをきかない。
・旦那さんが子育てに協力的でない。
・子育てのサポートがしてもらえない。

などです。

これを見ると、サポートの有無が大きく関係していることが分かります。

これに対し「子育てが楽しい」と感じている人は、子育てを通じた付き合いが多い方です。（UFJ総合研究所「子育て支援策等に関する調査研究」（2003年度）調べ）

　社会問題になっている虐待の増加は、母親の孤立化が一因といわれています。このことからも、子育て中のママの孤立化は「子育てが楽しくない」と感じるいちばんの原因といえるのではないでしょうか。

　私は長男が3歳までは共働きで、私の実家で暮らしていました。そのため、母が主に子育てをしてくれました。当時、私の弟も結婚前で同居しており、子育てをサポートしてくれる人は私の両親、弟、主人とたくさんの人に恵まれていました。だから、子育てをつらいと感じたことはありませんでした。
　しかし、長男が3歳の秋、現在の住まいに引っ越し、初めて親子3人の暮らしになってから事情が一変しました。それまで育児をつらいと感じたことがなかったのですが、子育てがどんどんつらくなり、楽しくなくなっていきました。それまでは主人が仕事で忙しくても、私の両親や弟がサポートしてくれましたが、それがいっさいなくなったからです。主人の仕事は忙しくなるばかりで、長男が出勤する主人に向かって「お父さん、また来てね」と言っていたことが今では笑い話になっていますが、当時は笑う余裕もなく、私はどんどん孤立化し、育児ノイローゼになっていたのだと思います。

　そんな私が、子育てが楽しいと感じられたのは、ママ友ができてからでした。そして、カラーセラピーに出会ったことでした。子育て中の友

ができ、好きな仕事、やりがいのある仕事に出会い、カラーセラピーを知り、子育てがつらいのは自分だけではない、ということに気づいたのです。

　カラーセラピーのセッションを通して、クライアントさんが苦しかった親子関係や、子育てのつらさから解放されて、子育てが楽しいと感じるようになっていきました。そんな感想をいただいた時は、本当に「色（カラーセラピー）はすごい！」と思いました。そして「色」をとおして、自分の本当の気持ちに気づくことが、子育てに役立つと実感したのでした。

(3)　子どもが分からない

「子どもの気持ちが分からない」

「子どもがなにを考えているか分からない」

　多くのママがこう悩んでいます。ＰＴＡ講座のアンケートでも、たくさんのママがそう答えています。

　赤ちゃんのころは、泣き方や表情で「お腹が空いたのかな？」「おむつが濡れたのかな？」「眠いのかな？」などと気持ちを察することができました。おっぱいをあげても泣き止まないならおむつを変えてみますし、それでも機嫌が直らなければ寝かしつけてみたり、気分転換に散歩に行ったりします。

　このように、ある程度の行動のパターンで対応ができました。赤ちゃんは勝手にどこかへ行ってしまうこともなく、ママの抱っこでおとなしくしてくれるので、ある意味、ママの手の中にいてくれます。

　ところが、魔の２歳児と言われるころには反抗期をむかえ、かんしゃ

くを起こし、ママの手を焼きます。まだ言葉がうまく通じないので、ますますママを悩ませます。それが過ぎると、言葉による意志の疎通ができるようになります。しかし、しばらくすると、今度は思春期に入り、それまでよく話をしてくれたのに、会話すらしてくれなくなったりします。
　そんなころには、子どもの気持ちなんて分からないし、なにを考えているのかなんてまったく分からなくなります。

　私もそうでした。わが子であっても、いったいなにを考えているのか分かりませんでした。そんな母親は、ダメな母親だとも思っていました。「分かってあげないといけない」。そんな思いがママたちを苦しめます。
　ママのお腹の中にいる時は「一心同体」ですが、オギャーと生まれた時点で、ママと子どもは別々の人となります。赤ちゃんといえどもママの思いどおりにはならず、別の人格をもつ一人の人間です。ですから、子どものことが分からなくても当然なのです。
　私は子どものころ、母親に自分の気持ちを分かってほしいと思っていました。きっと皆さんもそうだったのではないでしょうか。
　「どうせママには分からない」「どうせ分かってくれないでしょ」。そんなふうに言われたことはありませんか。私は言われてしまいました。そう言われると、分かってほしかったのに分かってもらえなかった時のことを思い出します。そして、自分は子どもの気持ちが分かるママになりたい。そう思っていたのに、そうできない自分はダメな母親だと、またまた責めていました。

　子どもとママは別人格だから分からなくて当然なのですが、子どもた

ちは分かってほしいと思っています。そしてママたちも、子どもの気持ちを分かってあげたい、と思っているのです。

私はこの「分かってあげたい」という思いがとっても大切だと思っています。「実際には分からない。それでも分かってあげたい」。その気持ちがあれば子育てはうまくいくと考えているからです。

そんな「分かってあげたい」の思いから、心色（こころいろ）リーディングを作りました。カウンセリングや学校の相談の中で、心色リーディングは子どもたちの気持ちを私に教えてくれます。

色が気持ちを教えてくれたら、○○な気持ちなのかな？、と子どもたちに問いかけます。絶対に決めつけません。問いかけることで、コミュニケーションがうまくいき、子どもとの関係が良くなっていきます。それは「分かってくれようとした」という気持ちが伝わるからだと思います。

第1章では、ママをイライラさせる6つの「ない」をお話ししました。そして、ママたちの悩みを解決するヒント。それは「色」だ、ということをお伝えしました。

第2章では、ママたちの悩みを解決してくれる「色」についてお伝えしたいと思います。

第2章　色を使って子育てが楽になる方法

1.「色」ってなに

(1) 色の歴史について知ってみよう

　ちょっとむずかしいかもしれませんが、最初に「色」の歴史についてお話しします。「へー、そうなんだ」という軽い気持ちで読んでいただければ、と思います。

　人間が「色とはなにか」と考え始めた歴史は古く、古代ギリシア時代までさかのぼります。
　「色そのもの」が科学的な観点から捉えられたのは 18 世紀でした。ニュートンが、太陽光をプリズム（透明なガラスでできた三角柱）に当てると虹の帯（スペクトル）が現れる、と発見したことに始まります。雨上がりの時に虹が見えるのは、雨粒がプリズムの役割を果たして、太陽の光を分光しているからです。
　じつは、古代エジプトやインド、ギリシア、中国などではこの「色」を治療に使う色彩療法が用いられてきました。古代エジプトでは神殿上部の小さな窓にガラスをはめ込み、太陽光を分光させて部屋を照らしていました。分光させたさまざまな色と、各色の効用をうまく利用して、「色光浴」をしていたのです。また、さまざまな症状の治癒にも用いていたとされています。
　たとえば、こんなぐあいです。

●しょう紅熱の患者には赤い服を着せ、赤い光の部屋に寝かせる。
●胃が痛い患者には色の塗料を体に塗って、黄色い光の部屋に寝かせる。
●頭痛がする患者には紫色の布を頭に巻いて、紫の光の部屋に寝かせる。

　こうやって、色を治療に利用していたそうです。
　エジプトの女王クレオパトラは、目の周りに黒色や緑色の鉱物から作られた顔料を塗っていました。今でいうアイシャドーやアイラインですが、これは「悪魔から身を守る魔よけの意味とともに、目の病気を予防する役割もあった」とフランスの研究チームが発表しています。このアイラインについて、ある心理学者は、「傷つきやすい自分を隠すための化粧法」と言ったそうです。それが、現代の若者に受け継がれているようです。

　じつは、日本でも昔から色の力が信じられてきました。
　時代劇の「大奥」などで、将軍様が病気になると、紫の鉢巻を巻き、白の着物を着て横たわっています。そんなシーンを観たことがありませんか。これは「病鉢巻」と呼ばれ、解熱や解毒に効果があるといわれていたからです。ちなみに病鉢巻の紫色は、植物のムラサキの根で染めてあります。ムラサキは病魔などを寄せ付けない高貴な色と考えられていたからです。
　さらに時代がさかのぼり、古くは古墳時代からすでに色の力は信じられていました。古墳の中の棺や死者の安置室は朱が塗られています。これは死者を守るためと考えられています。また古墳などから出土する、ヒスイやメノウなど色のついた石でできた装飾品は、魔よけとして使っていたといわれています。これらの時代は、色は濃いほど強い力をもつ

と考えられていました。なかでも赤は、最も強いエネルギーをもつ色とされ、黒は不浄で悪魔も恐れる強い色として扱われていたようです。

(2) 色の基礎知識

色には特性があります。それは「色相」「明度」「彩度」に分類できます。これを色の三属性といいます。

ここでは、それぞれの内容についてお話します。

a 色相

「色相」とは、赤、黄などと私たちが捉える「色み」のことをいいます。赤、橙（黄赤）、黄、黄緑、緑、青緑、青、青紫、紫、赤紫、の10色相を主要色相とします。

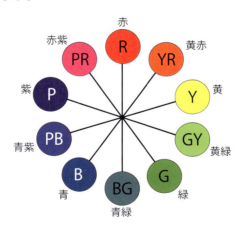

赤を上に配置して順に並べるマンセル表色系色相環は「色み」が分かりやすいですね。皆さんも一度はどこかで目にしたことがあるかもしれ

ませんね。この色の関係を分かりやすく並べたものを色相環（カラーサークル）といいます。

　この色相環で反対に位置する色同士は補色と呼ばれます。混ぜると無彩色（白、灰色、黒）になる反対の色でありながら、お互いを引き立て合う色でもあります。

　たとえば、赤の補色は「青緑」です。

　ここで手術室をイメージしてください。手術着、手術室などは、青緑色が使われています。これは血の色「赤」に対する補色の「青緑」が使われているのです。「青緑」を補色に使うことで、手術ミスが減ったなど効果を上げているそうです。

　では、ここで体験してみましょう。

　左の赤い四角を30秒ほど見つめた後、視線を右の白い四角に移してみてください。

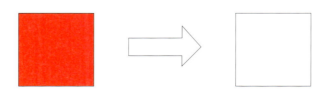

なにが見えましたか？

じつは、青緑色が見えてきます。

これは心理学で「心理補色」といいます。心理補色とは、このように見た色と正反対の色（補色）が見えることで、これを補色残像現象といいます。

手術室で青緑色が使われているのは、長時間血液の色である赤を見続ける医師の残像現象を打ち消すためです。医師が白衣を着ていると、赤の心理補色の青緑が現れて、手術に集中でき、手術ミスが減るといわれています。

補色の配色は互いの色を引き立たせます。お弁当に緑の野菜の横に赤いプチトマトを入れたり、花束では紫の花に黄色の花を合わせると、互いの色を引き立たせるので、ぜひ活用してみてください。食欲がアップしたり、華やかさが増しますよ。

色は距離感にも影響を及ぼします。これは色相が影響していると考えられ、赤や黄などの暖色系は進出色、青などの寒色系は後退色といわれています。

皆さんのお子さんの通園、通学の帽子はなに色ですか。黄色が多く使われていませんか。これは色の進出色（実際の位置より前に存在して見える）の効果を利用して、子どもたちの安全に一役買っています。

b　明度

「明度」とは、色の明るさを感じさせる特性のことをいいます。明る

い色は明度が高く、暗い色は明度が低いと表現します。最も明度が高いのは白、最も低いのは黒です。

では質問です。

次の絵を見てください。どちらが重く感じますか。

引用元　カラホム

　同じ重さの白い鉄の球体と、黒い鉄の球体ですが、黒い鉄の球体のほうが重いと感じませんか。これは明度が低い黒の方が重く感じるという「シャンパルティエ効果」です。

　また明度が高い白や黄色は膨張して見えやすく、明度が低い黒は収縮して見えやすくなります。このため同じ形の洋服を着ても、白や黄色は太って見え、黒はやせて見えます。

引用元　着やせ情報サイト

c　彩度

「彩度」とは、色の鮮やかさについての特性です。

スーパーに買い物に行った時のことを思い出してみてください。

引用元　色の見え方の不思議

みかんは赤やオレンジのネットに、枝豆やオクラは緑や青のネットに入っていませんか。これは色相の同化や彩度の同化を利用しておいしそうに見せているからです。つまり、彩度の異なる同じ色を使うことで、おいしそうに見せている、ということです。

同じ色でも彩度の違いで、おいしさがちがって感じるなんてすごい効果だと思いませんか。

さて、ここまで「色の歴史」と「色の基礎知識」について見てきましたが、次は本書の内容に一歩近づき、「カラーセラピー」についてお話しします。

(3)　カラーセラピーってなに

カラーセラピーとは色を使った心理療法です。

選ぶ色は心のメッセージです。それは心の言葉であり、エネルギーです。なんとなく選んだ色も、意識して選んだ色も、すべて必要な色であ

り、必要なエネルギーです。

　私たちは日々いろいろなストレスにさらされています。そして、気分が変わるように心身の状態も変化します。それと同時に、必要な色やエネルギーも変わってくるのです。

　色をじっと見ると、その色は目から脳へ伝達され、体温、脈拍、食欲などに影響を与えます。

　最近、事故の多い交差点などでは道路が赤く塗られています。これは色を見て筋肉の緊張状態を高めるためです。筋肉の緊張状態を数値で表したものを「ライト・トーナス値」といいますが、道路を赤く塗るのはその効果を利用したものです。

　赤はライト・トーナス値が42と最も高いため、赤く塗られた交差点にさしかかると色がドライバーに緊張感を与え、それによって事故が減ることを期待して使われています。

　色ごとのライト・トーナス値は次のとおりです。

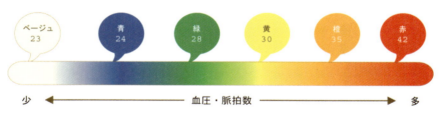

引用元　妊婦さんのための色彩計画

　このように、赤から青にいくにしたがって緊張がゆるんでいきます。最も緊張感が少ない色は、ベージュやパステルカラーで、ライト・トーナス値は23を示します。日本人が和室を好むのは、ベージュ系の色が

大半を占める和室は心身ともにリラックスできるからです。

色は時間の感覚にも影響を与えます。

引用元　センスアップの扉

　赤い部屋と、青い部屋では体感温度になんと３度のちがいがあります。体感時間の長さには個人差がありますが、約２倍といわれています。赤の部屋に 30 分〜 40 分いても１時間いたような感覚になり、青い部屋に１時間いても 30 分〜 40 分しかいなかったように感じます。

　このように、色を見ただけで興奮したり、リラックスしたりと、色は心の状態にも影響を与えることが分かります。
　この色の性質を利用して、リラックス効果やダイエット効果などさまざまな効果が期待できますが、いずれも色の刺激を使い、生理的効果を引き出すために利用しているといえます。

　心身への色の生理的作用の具体例を挙げると、次のようになります。
＜赤＞　冷えや血行が悪い時に利用する（赤のエネルギーが増えすぎると、高血圧に）。心拍、呼吸、血圧を高める。生殖機能を活発にする。
＜橙＞　消化器官の働きを活発にする。エネルギーが不足すると、インシュリンの分泌に影響する。

＜黄＞ 鬱(うつ)の改善や記憶力に影響。消化系のトラブルを改善し、食欲を起こす。

＜緑＞ 沈静効果および神経系のバランスを整える。**心臓疾患、高血圧、潰瘍(かいよう)**といった疾患にもよい。

＜青＞ 高度の緊張を和らげる。呼吸器系の疾患および喉(のど)の炎症にもよい。

＜紺＞ 副鼻腔炎や顔面のトラブルによい。藍色のエネルギーが増えすぎると、鬱症に。

＜紫＞ 食欲を抑える。頭痛や偏頭痛を和らげる。免疫力を高め、ガンや関節炎の症状緩和に。

　このように、色が心理的、生理的に心身に影響を与えることから、カラーセラピーは色彩療法といわれます。ただし、色彩療法は人間のもつ治癒力を高め、健康になる手助けをしますが、医療ではありません。

　私たちは、経済の成長と引き換えに心のゆとりをなくしてきました。ドラッグが蔓延し、犯罪が世界中で増えてきました。日本でも違法ドラッグや麻薬の問題は後を絶ちません。どのように生きたらよいのか、精神的に思い悩む人が増えたといわれています。

　このような現状は西洋医学の薬物療法だけで解決できません。薬には副作用の問題もあります。カラーセラピーなどの代替療法が、今注目を浴びているのは、こうした西洋医学だけでは捉えられない現状に直面しているという時代背景があるからです。

⑷　私とカラーセラピーとの出会い

　ここで少し自己紹介をかねて、私とカラーセラピーとの出会いについてお話しします。

　今から12年前、私は看護師として小児科で働いていました。その時、悩むお母さんや子どもたちのために、もっと専門的な知識がほしいと思うようになりました。そして、東京福祉大学社会福祉心理学科に編入しました。卒業して就いた仕事は小学校の「心の教室相談員」でした。そこで私は、子どもたちの描くたくさんの色とりどりの絵に魅せられました。そして今度は「色彩の勉強がしたい」と思いましたが、まだ末息子が小さく、取り寄せた色彩学校の講座は東京で開催されていたことから、学ぶことを諦めていました。

　そんな相談員２年目の年に、子どもの通う小学校で「カラーセラピー講座」が開催されました。当時カラーセラピーのことはまったく知りませんでしたが、「興味のあった色（カラー）の話が聞ける」。そんな期待からわくわくして講座に向かいました。講座を受けながら、「色が今の心を表している」「色には意味がある」と知り、講座が終わるころには「カラーセラピーを学びたい」と決心していました。終了後、講師の先生に直接「私にカラーセラピーを教えて下さい」とお願いしました。そんな自分の積極性に驚きました。

　まずは10時間かけて「色彩心理」について学びました。この章の「⑴色の歴史について知ってみよう」、「⑵色の基礎知識」は、そこで学びました。そして学んだ知識を使ってみました。

　当時、言葉で気持ちが表現できず、机の下で固まり、なにを聞いても答えず、かたくなになっていた子どもがいました。

その子の机の中に自由帳と色えんぴつとクレヨンがあるのを見つけ、「好きな色はなに色？　ここ（自由帳）に好きな色塗ってみない」と声をかけると、うつむいていた顔が上がり、無言でピンクの色えんぴつを持つと、自由帳にぐるぐるなぐり描きを始めました。ピンクは「甘えたい色」であり、同時に「甘えべたな色」でもあります。それを見た私は、「自分の気持ちが表現できないから助けて」と言われたように感じました。「一緒に塗ってもいい？」と聞くと、無言でうなずいてくれました。机の中のクレヨンからピンクを取り出し、一緒にぐるぐる自由帳になぐり描きをしばらくすると、かたくなだった表情が和らぎました。同じ紙に一緒に塗らせてくれるのは、私を受け入れてくれたことを表していました。好きな色を塗ると心が和らぐのですね。この経験から、もっと色を使って子どもたちの心を和らげてあげたいと思いました。

　「もっと色について学びたい！」
　そんな思いから、カナダ発祥のカラーセラピーシステム「センセーション・カラーセラピー」を取得しました。そして、気持ちを見せてくれるツールがあることの素晴らしさを体感しました。相談員として子どもたちに使えるツールを探し求めているうちに、「チャクラのぬりえセラピー」と出会うことができました。ぬりえなら子どもたちも楽しく取り組めます。「紙と色えんぴつがあれば子どもたちにも自分の心を見せてあげることができる」。そう思ったのです。
　カラーセラピストになり７年になりますが、色の虜になり、毎日、色ってすごい、と感じている自分に驚いています。

郵便はがき

1 0 1 - 0 0 5 1

東京都千代田区
神田神保町一の三 冨山房ビル 七階

冨山房インターナショナル
読者カード係行

恐れ入ります
が切手をお貼
りください

お 名 前				(　　歳) 男 ・ 女
ご 住 所	〒 　　　　　　　　　　　　　TEL：			
ご 職 業 又は学年		メール アドレス		
ご購入 書店名	都道府県	市郡区	ご購入月	書店

★ご記入いただいた個人情報は、弊社の出版情報やお問い合わせの連絡などの目的
　以外には使用いたしません。
★ご感想を小社の広告物、ホームページなどに掲載させて頂けますでしょうか？
　　　　　　　【　はい　・　いいえ　・　匿名なら可　】

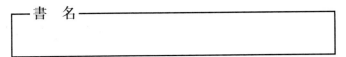

本書をお買い求めになった動機をお教えください。

本書をお読みになったご感想をお書きください。
すべての方にお返事をさしあげることはかないませんが、
著者と小社編集部で大切に読ませていただきます。

小社の出版物はお近くの書店にてご注文ください。
書店で手に入らない場合は03-3291-2578へお問い合わせください。下記URLで小社
の出版情報やイベント情報がご覧頂けます。こちらでも本をご注文頂けます。
www.fuzambo-intl.com

2．色の意味

⑴　好きな色、気になる色、嫌いな色が表すものはなに

　学校で心の教室相談員をしている時は、子どもたちに「好な色はなに色」と聞きます。

　子どもたちは目をキラキラさせながら、好きな色の折り紙を選んだり、心色リーディングでは好きな色を教えてくれます。

　カラーセラピーのセッションをしている時は、「今、気になる色を選んでください」「好きな色はなに色ですか」「嫌いな色はありますか」などと聞いていきます。すると、

・「昔は好きだった色が、今は嫌いな色になった」
・「昔は嫌いだった色が、今は好きな色になった」
・「好きな色は青色だけど、着る服は緑色の洋服が好き」
・「最近、赤色の小物ばかり買ってしまうんです」

こんなぐあいにさまざまな返事が返ってきます。

　私たちには好きな色や、気になる色、嫌いな色があります。じつは、直感で選んだ色は自分自身を映し出しています。それは、今の自分を映し出す「自己投影」といえます。その色の意味を読み解いていくことで、気がついていない自分自身に気がつくことができるのです。

　心は常に変化しています。だから、昔好きだった色が今は嫌い、反対に昔嫌いだった色が今は好きだったりするのです。

好きな色、嫌いな色、気になる色にはそれぞれ意味があります。

＜好きな色＞
自分が認めている自分、憧れる自分の姿。ポジティブな自分の姿が投影されているのかもしれません。

＜嫌いな色＞
自分が認めたくない自分、なりたくない自分の姿。ネガティブな自分の姿が投影されているのかもしれません。

＜気になる色＞
好きだから気になる場合もあれば、なんとなく気になる場合があると思います。この「なんとなく」が大切です。なんとなくという感覚で選んだ場合、自分自身では気がついていなくても、潜在意識が必要としている色なのです。

潜在意識とは、自分では気がついていない意識のことで、私たちの意識の中で95％を占めているといわれています。そして、私たちはこの95％を占める潜在意識に影響されているのです。自分で気がついている気持ち（顕在意識）は、じつはたった5％に過ぎません。たとえば、ダイエットしたい！痩せなきゃ！と顕在意識で思っていても、潜在意識でダイエットしたい！痩せたい！と思っていないと実現化はむずかしいとされています。禁煙などもそのよい例だといえます。

思考に気をつけなさい、それはいつか言葉になるから。
言葉に気をつけなさい、それはいつか行動になるから。
行動に気をつけなさい、それはいつか習慣になるから。
習慣に気をつけなさい、それはいつか性格になるから。
性格に気をつけなさい、それはいつか運命になるから。

　これはマザー・テレサの名言の一つです。この言葉の最初の「思考に気をつけなさい」の部分に当てはまるのが潜在意識です。私たちの思考（意識）の大部分を占め、影響力をもっている潜在意識こそが思考だからです。だからこそ、この潜在意識を味方につけること、この潜在意識でなにを思っているかを知ることが大切です。私たちは自分でも分からない、この「なんとなく」の部分を気になる色として知ることができるのです。

　私は昔からピンク色が嫌いでした。三人姉弟の長女として育った私は、近所でも年長であったことから、甘えるよりリーダーシップをとる機会が多く、甘えべたでした。そのためか、ピンクは苦手な色であり嫌いな色でした。ところが、45歳を過ぎたあたりからピンクは気になる色となりました。やがて身の回りにピンク色が増えていき、気がつけば、手帳がピンクで水筒もピンクになっていました。これは年齢に伴う女性ホルモンの減少を身体が先にキャッチして、女性ホルモンを補う色を無意識に欲していたからでした。最近は、あんなに嫌いだったピンク色は好きな色に変わってきています。自分自身が変わり、人に甘えられるようになったからです。

このように、好きな色、気になる色、嫌いな色に投影された自分の気持ちを知ることで、私たちは自分の本当の気持ちに気がつき、自分をより良い方向へ変化させることができるのです。マザー・テレサの言葉を借りるなら、こうなりたい！と思っていた思考を色で理解して、こうなりたい！と言葉にして、こうなりたい！と行動することで、それは習慣となり、性格となって、やがて運命となるのです。色で運命も変えることができるなんてすごいと思いませんか。

(2) 色の効果
　色にはさまざまな効果があります。色の効果としていちばんに思い浮かぶのはファッションではないでしょうか。

　なに色の洋服を着ているかで、その人の印象やイメージはかなり変わります。いろいろな説はありますが、だいたい６秒程度で第一印象は決まってしまうといわれています。たった６秒で、その人のことを「こういう人だ」と認識してしまうのです。

　人は、外界から情報をキャッチする時に五感を使います。その割合は視覚情報が87％、聴覚情報が７％、嗅覚情報が３％、触覚からの情報が２％、味覚情報が１％だといわれています。これをメラビアンの法則といいます。この数字を見れば、いかに「見た目」が重要かが分かると思います。ですから、なに色の洋服を着ているかはとても大切なことだといえます。

　代表的な色の洋服が他人に与えるイメージをまとめると次のようになります。

<赤>　リーダー、パワフル、やる気があり、強気なイメージ。
<橙>　話しかけやすい、楽しそう、盛り上げ役、人が好き、遊びが好きなイメージ。
<黄>　頭脳明晰、話がじょうず、明るく中心的な存在、左脳系のイメージ。
<緑>　穏やか、優しい、癒し系、自然派、仲間を大切にするイメージ。
<青>　冷静、クール、もの静か、真面目、きちんとしているイメージ。
<紫>　ミステリアス、大人っぽい、芸術的、センスが良い、スピリチュアルなイメージ。
<桃>　少女、優しい、思いやり、愛のイメージ。
<白>　清楚、清潔、無垢、完璧、きちんとしているイメージ。
<黒>　閉鎖的、自分を出さない、格好良いイメージ。
<茶>　保守的、伝統的、本物志向、安心するイメージ。
<ベージュ>　やわらかい、優しい、ナチュラル、リラックスできるイメージ。
<グレー>　スマート、粋、おとなしいイメージ。

　これらの色のイメージに、素材、デザイン、スタイルが合わさって第一印象を決めるといわれています。
　この色のイメージを利用して、セルフイメージ(自己イメージ)を簡単に変えることができます。
　たとえば、ふだんはナチュラル思考で、ベージュや緑色の洋服を着ている人が、ここぞ！と格好良さを求めたり、強いイメージを他人に与えたい時は黒の洋服を選ぶとよいかもしれません。

反対に他人に取っつきにくい印象を与えがちな人は、ベージュや橙などを選んでもよいかもしれませんね。

　色の力を利用すると、日々私たちを悩ませるこんな体の不調を和らげる効果も期待できます。

＜風邪＞　白を使って浄化の力で身体をサポート！
　風邪気味の時に力を貸してくれるのは「白」。すべての光を反射する色である白は、悪いものを跳ね返す色です。風邪を引いたと感じた時は、白のパジャマや下着を身に着けて早く休んでみましょう。
＜頭痛＞　頭痛の緩和に力を貸してくれるのは紫！
　古代エジプトでは頭痛を緩和させるために紫色の光を利用したといわれています。日本では紫色の鉢巻を使ったようです。頭痛がある時、紫色のタオルを頭にのせて休んでみましょう。
＜冷え性＞　体感温度を上げる赤がサポート！
　冷え性の緩和に力を貸してくれるのは赤。同じ赤でも「煉瓦色（れんが）」が力を発揮してくれます。しょうが紅茶は、しょうがの効果だけでなく、その色がホルモンを刺激して体感温度を上げてくれるのです。寒い冬は、しょうが紅茶が冷え性の女性をサポートしてくれます。
＜生理痛＞　女性の味方、ピンクがサポート！
　女性ならではの悩み、生理痛。つらい生理痛を乗り切るには、女性の子宮の色であり、女性ホルモンのサポートをしてくれる「ピンク」が力を発揮してくれます。生理中は下着をピンクにしたり、部屋着に取り入れてみましょう。
＜不眠＞　リラックス状態にしてくれる青がサポート！

不眠の改善には青。青は心拍数と血圧を下げ、リラックス状態にしてくれます。寝具を青にするとリラックスした良い睡眠がとれるといわれています。

<寝起きが悪い時>　明るい太陽をイメージできる黄がサポート！

太陽の光をイメージできる黄。黄は人を元気に活性化する交感神経を活発にします。天気の悪い日や、寝起きの悪い日は、黄の食べ物や、黄のマグカップを使うなど、黄でパワーをチャージしましょう。

<ダイエット>　食欲が抑えられない時は青がサポート！

長い歴史の中で「青＝食べ物の色ではない」という認識がされてきました。また、青色は生理的な作用から食欲が減退するといわれています。食欲が抑えられない時は、青の皿や、ランチョンマットなどに活用してみてはいかがでしょうか。

スイーツを食べ過ぎてしまう場合は、ピンクのお皿を使うと、甘さが増強され、少しの量でも満足がいくといわれています。デザートにはピンクのお皿の活用がよいかもしれません。

毎日の生活を快適に過ごすために、色を取り入れることはとても大切です。どんな色の洋服を着るのかでセルフイメージを変えたり、第一印象を変えたりできます。

日常の不調に対しては薬に頼るだけでなく、色を利用してみましょう。私たちの身近にある色を使うことで、薬のような副作用がなく、症状が緩和されることがあります。おばあちゃんの知恵袋のように、みなさんの知恵袋として色を活用してみてください。

3．親子のコミュニケーションにして、6つの「ない」を解消するのにどうやって色を使うの

　第1章でお話した、ママをイライラさせる子どもの問題行動、3つの「ない」。
　⑴ 子どもが言うことをきかない。⑵ 約束を守らない。⑶ 思い通りにならない。
　ママが苦しむママの感情、3つの「ない」。
　⑴ 子どもに愛情がもてない。⑵ 子育てが楽しくない。⑶ 子どもが分からない。
　この6つの「ない」を解決するヒントは「色」です。
　皆さんは自分の子どもが好きな色、嫌いな色を知っていますか。先にお話ししたように、好きな色、嫌いな色、気になる色には意味があります。
　言葉を話す幼児なら「好きな色はなに？」「嫌いな色はある？」と聞いてみてください。答えられない場合は、日常の中で子どもが好んで着る服の色や、よく使う色えんぴつやクレヨンの色を見てください。よく使う色には、子どもの気持ちを知るヒントがあります。

　色の好みは人によってさまざまですが、年齢とともに変化していきます。視力が未熟な0歳児から1歳くらいまでの乳幼児は明度の高い色を選ぶ傾向が強いですが、6歳くらいからは男女の好みの差が明確になったりするといわれています。
　ランドセルの色を見ても、女の子はピンクが多く見られます。ここには「かわいい」を意識した女の子の気持ちが表れています。水色を選んでいる子どもは、ちょっぴりおしゃまで、みんなより「お姉さん」に見

られたい気持ちが表れています。男の子は「カッコいい」を意識した黒やスポーツメーカーのランドセルを多く見かけます。ここにも子どもの気持ちが隠れています。このように、子どもが選ぶものに多く使われている色からも、子どもの気持ちを知るヒントが得られます。

　私も三人の子どもたちを育てながら、子どもの気持ちが分からず悩むことがたびたびありました。カラーセラピストになって、子どもが今好きな色、気になる色、嫌いな色を聞いたり、最近着ている服の色や、新しく買ってきた小物の色から、今の子どもの気持ちを感じ取ったりしています。

　世の中のママたちがカラーセラピーを知っているわけではありません。ある時、子育てに悩んでいるママから相談され、ぬりえセラピーをおススメした時、「機嫌がいい時はこうやって細かい図柄を塗ったりできるけど、イライラしている時は早く答えがほしい」と言われました。たしかにそうかもしれません。そんな時、「簡単で、すぐにできて、誰にでもできる、そんなカラーセラピーがあったらよいのでは」と思い、心色（こころいろ）リーディングを作りました。

　次の第3章では、事例を通して、子どもやママが塗った色からどんな気持ちが見えてくるのかを探ります。いよいよ実践です。

第3章　実践・心色（こころいろ）リーディング
　色で自分の気持ち、そして子どもの気持ちを知ってみよう！

1．心色ってなに

　「子どもの気持ちが分かったらいいのに…」
　これは、子どもたちに「気持ちを話してほしい」という私たち母親の思いです。しかし、言葉が未熟な子どもたちにとって、自分の気持ちを言葉にするのがむずかしかったりします。なぜなら、子どもたち自身も自分の気持ちが分かっていないことが多いからです。
　ところが、相談室や子どもたちのカウンセリングの中で心色リーディングをすると、子どもたちはこう言います。
　「当たってるじゃん」「そうかも…」と。
　子どもたちは、言葉は未熟ですが心は素直です。子ども自身が自分の気持ちを分かっていないのなら、心を色で見える化、これが心色です。
　そして、大切なことは、子どもたちの心色以上に、お母さん自身が自分の本当の気持ちに気づくことです。子どもの気持ちと一緒に自分自身の気持ちも「色で見える化」することがとても大切です。

2．心色の基本の12色

　心色の基本は以下の12色です。

・色の三原色（一次色）といわれる　赤・黄・青
・一次色を合わせた二次色　橙（黄赤）・緑・紫
・一次色と二次色を合わせた三次色　黄緑
・無彩色といわれる　白・黒
・日常生活で関わりやすい色　水色・桃（ピンク）・茶

　前章でお話ししたように、色には意味があります。
　ここでは、以下に示す表を使って、それを読み解いてみましょう。

　子どもの気持ちを読み解く時は子どもバージョンの表を使い、子どもの気持ちを当てはめてみてください。自分の気持ちを読み解く時はママバージョンの表を使います。なお、自分の気持ちを読み解く場合、その色のポジティブな意味で使っているのか、ネガティブな意味で使っているのかに注意しながら自分の気持ちを読み解いてみましょう。

＜子どもの心色リーディング＞
基本の 12 色を知ろう

	色から知る子どもの気持ち	色が教えてくれる子どもとのコミュニケーション
赤	元気いっぱい、やる気満々！ 考えるより即行動、目標があると燃えるタイプ リーダータイプ	体を使って発散させるとよい 持続が苦手なので、どうやって持続させ、発散させるかがポイント！ ふだん選ばない子が、赤を選んだ時はストレスMAXかも
橙	楽しいこと大好き！食いしん坊かも　一人よりみんなで楽しみたいタイプ 一人だと不安になるかも	一緒に楽しい時間を過ごすと喜ぶタイプ 一緒にお菓子を作ったり、お料理したりするといいかも ふだん選ばない子が、橙を選んだ時は人とコミュニケーションが取りたいのかも
黄	面白いこと大好き！ お笑いが好きかも 明るい反面、心配性な面も 頭の回転が早く、人気者タイプ	心配性な面をもつので、何が心配なのか理解してあげるとよい 好奇心が満足する知識を与えるとよい ふだん選ばない子が、黄を選んだ時は忙しすぎるかも
黄緑	今頑張りたいことがある時に気になる色 新芽の緑のように成長できる時 プレッシャーに弱い	今頑張る時！　途中で諦めず、一カ月間頑張ってみよう プレッシャーを感じやすいので、あれこれ言うのはやめましょう
緑	協調性があり、優しいタイプ 人に合わせるタイプなので、自分の意見が言えないかも 優柔不断に思われることも	ケンカが苦手、本音が言えないタイプなので、本当はどうしたいのか聞いてあげるとよい ふだん選ばない子が、緑を選んだ時はリラックスが必要な時かも
水色	個性的、自由で束縛が嫌いなタイプ　クリエイティブな才能をもつ　感受性が豊かなので傷つきやすいので注意	思っていることをうまく口で表現できないタイプ 自由を好むので束縛は嫌がります あれこれ口出しするより時間の共有が大切

青	真面目で、正直、考えて行動するタイプ　集中力があり、コツコツやる頑張り屋さん	一人の時間があったほうがよいタイプ　趣味の時間をもたせるとよい、さみしがり屋な面もあるので声かけは忘れずに ふだん選ばない子が、青を選んだ時は休息を
紫	ひらめき、直観力に優れ、芸術家タイプ　気分の浮き沈みが激しいかも　不思議ちゃんな面をもっているかも	人と同じは嫌なので、人と違うところをほめてあげるとよい　プライドを傷つけないよう注意 ふだん選ばない子が、紫を選んだ時は心が傷ついた時かも
桃	優しくて、思いやりがあるタイプ 甘えじょうず 人のお世話が大好き	甘えん坊な面をもつので、スキンシップを大切に 自分に関心をもってほしい時にも選ぶので、ふだんピンクを選ばない子が選んだ時は注意
茶	落ち着きがあり堅実なタイプ 穏やかで、周りの人に安心感を与える やや腰が重く、保守的かも	安定感を脅かされると不安になるかもしれません 堅実にコツコツ頑張る姿勢をほめてあげるとよい 刺激の与えすぎはストレスを感じやすいので注意
黒	格好よく自分をみせたいかも 自分の気持ちを出すのが苦手だったり、周りに知られることも嫌なタイプかも	不安な精神状態の時に黒を使う傾向があるが、黒を使ったから精神的不安定だと決めつけないよう注意
白	清潔感重視のタイプかも 純粋な面をもつ　完璧主義で理想が高いかも 独立心が強いかも	理想に向かって頑張るタイプ 考え方や行動を否定されると嫌なタイプ 子どもといえども、相手を尊重する距離感を好む

<心色リーディングの基本の12色>

気になる色、キーワードから自分の気持ちを知ろう

	キーワード	心色リーディング・心色アドバイス
赤	行動力 動的 愛情 やる気	やる気・エネルギーがあります。やってみたいと思っていることに挑戦してもよい時です。勇気を出して前進してみましょう！ ただし、頑張りすぎると燃え尽きてしまいます、休息を忘れずに！ やる気、エネルギーに持久力・忍耐力もつけると鬼に金棒！
	抑圧 嫉妬 怒り イライラ	頑張りすぎて、燃え尽きていませんか、我慢もほどほどに… 体を動かして発散するとよいでしょう！ 自分が何にイライラしているのか、抑圧を感じているのか知り、原因を排除しましょう！ 自分がいちばん発散できる方法を知っておくといいですよ。
橙	喜び 楽しさ 社交的 コミュニケーション	社交的で、人が好き！ 人脈を作る時です、人脈を広げ、ネットワークを作っていきましょう。体験型なので、何でも自分で体験し、人に広げていくのが得意。女子会やランチなど、人と楽しく食べたり飲んだりすることが好きなので肥満には注意しましょう。ダイエットには向かない色です。
	依存 甘え 気分屋	人と交わらなければ…コミュニケーションをじょうずに取らなければ…、そう思うがあまり疲れていませんか。孤独はイヤ、一人は寂しいと感じているかも。 そのため、誰かに甘えたくなったり、依存したいと思っているかもしれません。自分の時間を作ったり、休息してみましょう！

黄	楽しい 明るい 知性・知識 集中力	頭が良く、知識が豊富。資格取得など、学ぶことが大好き！単独行動も平気なタイプ。サービス精神もあり、明るいあなたは人気者です。ただ、あれも、これも・・・と気になってしまいます。集中力があるのに飽き性なのが残念なところ。納得した何かを見つけたら、その道のエキスパート間違いなし！
	神経質 先読み 嫉妬	頭が良く、知性や知識があるがゆえ、先読みしすぎて、心配性や神経質になりやすい。ストレスからの胃痛や胃潰瘍、頭を使い過ぎによる頭痛を起こしやすいので注意！ 自分のやりたいこと、学びたいことを見極めましょう！
黄緑	出発 希望 成長 柔軟性	過去と決別し、新しい方向性を求めている時に気になる色。感受性が強く、直感力、感性の鋭さをもち合わせます。また、自分の目標を絞る時かもしれません。自分の感性を信じて、過去と決別し、新たな目標に向かって進んでみましょう。
	心配 不安 恐怖	感受性が強いため、時に不安や恐れを感じて神経質になってしまうかもしれません。自分自身の伸び悩みや、プレッシャーも感じるかもしれません。不安や恐れを感じた時は、過去の出来事にとらわれることなく、いろいろなものを脱ぎ捨てて成長していく自分をイメージしてみましょう。
緑	調和 判断力 協調性 真面目	あなたは調和の取れたリーダータイプ。信頼感も厚く、真面目で誠実な人柄。みんなからの信頼度は高い。良い母であり、良い妻タイプ。そのため、マイルールで、自分を縛り、人も縛る傾向にあります。ありのままの自分でも大丈夫。 時には、自分の殻を破り、冒険することも大切ですよ！
	優柔不断 頑固 ねたみ	真面目で、人と揉めることが苦手なあまり、優柔不断になったり、自分の意見を言えずにいませんか。自分は我慢してばかり、我慢させられている！と感じてしまうと、ねたみやジェラシーが心を支配してしまいます。 あなたはバランスの取れたリーダーです、自信をもっても大丈夫！

水色	きらめき 冷静 知的 創造性	創造性、アイディア、発想力、感受性に優れています。そのため、人を引きつける魅力があります。流れに任せながら進むとよいが、不要なものは捨て、不要な言葉は聞き流すとよい。深刻になりすぎないよう、リラックスする方法を習得しましょう。
	神経過敏 デリケート 警戒心 寂しい	寂しがり屋な反面、他人にずけずけと心に入られることを嫌います。人を引きつける不思議な魅力があり、人が周りに集まってしまいます。そのため傷つきやすく、警戒心をもちやすくなっています。自分が安心できるパーソナルスペースを保つことが大切です。安心できる環境で力を発揮していきましょう。
青	知性 誠実 信頼 優しく穏やか	優しく、穏やかに見えますが、信念をもち、ゆるぎない強さを秘めています。女性らしい人が多く、口数は少ない印象を与えるかもしれませんが、相談されると的確なアドバイスを与えるあなたは、人を包み込む包容力がある人です。コツコツ目標に向かって日々の積み重ねが、あなたに自信をくれます！
	自信の喪失 非現実的 内向性 コミュニケーションが苦手	自己表現はできていますか。自分の伝えたいことを伝えられていますか。自己表現ができていないと、自信もなくなり、他人を否定したり、受け入れない頑固さが強く出てしまいます。無気力で引っ込み思案になることも。自分が出せる方法を見つけましょう！
紫	自信 カリスマ性 プライド 特別な存在	赤の行動力、青の思想をもち合わせた神秘的な魅力をもったあなたは、カリスマ性のある、特別な存在かも！直感力があり、芸術的な才能をもち合わせています。人と違うね！は最高のほめ言葉。赤と青の色のバランスを保つためには、精神力と体力・気力が必要です。
	ストレス 現実逃避 鬱積した不満 自己不信	鬱積した不満、はけ口のないストレスから肉体的・精神的に不安定。浮き沈みが激しく、自分でももてあましているかも！浮き沈みなく、自分で安定した行動がとれると、あなたはカリスマ性をもち、威厳と高貴さを身に着け、安定していられるでしょう。

桃	優しさ 親切 女性らしさ 思いやり	本能的に優しく、人のお世話が好きなあなたは周りの人から必要な存在。温厚で平和な家庭が築ける人。甘えられることは平気でも、甘えることは苦手ではありませんか。愛を与えるばかりではだめです。他人ばかり支援して、自分をないがしろにしない。あなたは愛され、助けられてもいいのです。
	自己犠牲 見返り お人好し 所有欲	他人ばかりを支援して、自分をないがしろにしていませんか。やってあげたい気持ちが強すぎると、相手が育ちません。「私ばっかり！」と感じるようでしたら要注意！思い切ってやってみない、気がつかない振りをする、相手に甘えてみてください。
茶	責任感 安心 落ち着き 伝統に忠実	淡い茶色（ベージュ）は筋肉の緊張を和らげます。茶色は責任感があり、落ち着いた印象を周りに与えます。濃い茶色（こげ茶）は強い信念をもつ色。伝統を大切にし、社会的立場を重んじます。茶色は木のぬくもりを与える色ですからリビングや和室などインテリアでよく使われるのは安心感を与えるからです。
	目立ちたくない 他人任せ 頑固	淡い茶色（ベージュ）は緊張を和らげる反面、決断力に欠け、他人任せになっているかもしれません。茶色は人見知りであったり、目立たない存在でありたい気持ちがあるかもしれません。こげ茶は強い信念をもつ反面、頑固さ、考え過ぎの面をもちます。茶色は色の濃淡で意味がかなり違います。
黒	強さ 高級感 おしゃれ 格好いい	黒いスーツをさっそうと着こなす女性、素敵ですね！ あなたは、格好いい人が好きで、憧れているのかもしれません。黒は高級感を感じさせ、おしゃれに感じますが、黒い色の洋服ばかり着ていると肌が老け、周りをシャットアウトしてしまう可能性もあります。洋服などにはじょうずに取り入れましょう。
	恐怖 威圧的 不吉	あなたは他人に心の中をのぞかれたくないと感じていませんか。黒は光がない状態を表します。孤独感を感じていませんか。闇の中に身を潜めなくても大丈夫です。時間はかかるかもしれませんが、自分自身を見つめ、少しずつ光の中へ前進しましょう。
白	清潔 純粋 浄化 再出発	白でイメージするのは、結婚式の花嫁。白はけがれなき神の象徴の色でもあります。高貴であり、けがれのないイメージの色です。そのため、完璧を求めたり、人に弱みを見せられないかもしれません。完璧を求めすぎると、自分を見失ったり、空虚感を感じてしまいます。あなたはそのままで光を放つ存在です。
	完全主義 自分を見失う 自己否定	白色は、純粋、清潔を表す反面、緊張も与える色。最近は病院の白衣も白色ではなく、桃色や水色が多く取り入れられています。完璧主義のあまり、自分を見失ったり、自己否定していませんか。白は自浄作用があり、再出発の意味のある色です。弱みを見せても大丈夫、再出発して自分を見つめ直しましょう。

3. 心色リーディングしてみよう

⑴ 三連のハートが表す意味を知ろう

「ハート」の形をインターネットで検索すると、こんな検索結果が出てきます。

「心臓」「心」「感情」「愛情」「恋心」

このことからも、ハートの形から、人は「心」に関連することをイメージするのが分かります。

簡単で、分かりやすく、誰にでもできるカラーセラピーを考えていた私は、心がイメージできる「ハート」のモチーフを使おうと考えました。そうすることで、見えない心がより表れやすくなると思ったからです。

三連のハートにはそれぞれ意味があります。

三連のハート

①一番外側
　（外で見せている自分）
②二番目（真ん中）
　（親しい人に見せている自分）
③三番目（内側）
　（自分の本当の気持ち）

①一番外側のハート

　真っ先に他人の目に入る部分で、いわば「洋服」の役目をします。どんな洋服を着るかによって、人の見た目が変わります。言い換えると、どんな自分を見せたいかによって洋服を変えれば他人に与えるイメージは変わる、ということです。

　たとえば、自分を強く見せたいなら赤や黒を選び、クールなイメージなら青や水色、優しい印象なら桃色を選ぶ人が多いでしょう。

　このように、一番外側のハートには、**社会で見せている自分・他人に見せている自分**が表れます。子どもで言うなら、**保育園や幼稚園、学校で見せている自分**が表れるといえます。

② 二番目（真ん中）のハート

　インナーの部分です。外側に上着など着ているので、周囲の人には見えません。この部分は親しい人にしか見せない部分といえます。

　外に見せる必要がないので、安心して好きなアイテムが選べます。

　たとえば、桃色が好きでも似合わないと感じていると、洋服には選びにくかったりしますが、インナーなら外から見えないので安心して選ぶことができます。

　このように、二番目（真ん中）のハートは、**親しい人、家族や恋人、親友などに見せている自分**が表れます。

③三番目（内側）のハート

　完全に人からは見えない部分です。

　ここには、**自分の本当の気持ち**が表れます。

それぞれのハートになに色を塗ったかによって、その色の意味が気持ちとなって表れます。

(2) 心色リーディングの基本の12色を使ってリーディングをしてみよう ～具体例を挙げ、リーディング方法を説明します～

前項の「(1) 三連ハートが表す意味を知ろう」で説明したように、三連ハートには子どもの心が表れます。

- 外側のハートは社会や学校などで見せている自分
- 真ん中のハートは親しい人や家族に見せている自分
- 内側は今の自分の本当の気持ち

三連ハートにはこれらが塗った色で表れます。
どの場所から塗ったかによっても意味があります。
一番外側のハートから塗った場合は、社会や学校など外に意識が向いているかもしれません。
真ん中のハートから塗った場合は、親しい人や家庭に意識が向いているかもしれません。
内側のハートから塗った場合は、自分自身の気持ちに意識が向いているかもしれません。

ハートを縁どりをして塗っているお子さんは、ルールや規則があったほうがよいタイプかもしれません。こういったお子さんに「自由にやっ

てもいいよ」と言うと、困るかもしれません。あるていどの大まかな枠を作ってあげたほうが落ち着くタイプです。

　反対に、縁どりをせず塗るタイプは自由を求めるタイプが多いように感じます。このようなお子さんをルールや規則で縛ると反発します。このようなタイプには、子どもの意見も聴きながら家庭内のルールを決めていきましょう。

　お子さんの好きな色は何色ですか。お子さんが塗ったハートには好きな色が使ってありますか。
　使ってある場所が一番外側なら、社会や学校において今、自分らしさが出せているのかもしれません。真ん中のハートに使ってある場合は、親しい人や家庭において安心して自分らしさが出せているかもしれません。内側のハートに使ってある場合は、社会や学校、親しい人や家庭では今、自分らしさが出せていないかもしれませんが、自分の気持ちを大切にできています。

　お子さんが嫌いと感じている色が使ってある場合、その場所にはその色のネガティブな意味が表れているかもしれません。お子さんが嫌いな色を塗っている、大変！　とあわてるのではなく、なぜその色がその場所に使われているのかを考えてあげてください。決してお子さんを問い詰めることのないようにお願いしたいと思います。子どもたちは無意識で色を選びます。本人もネガティブな気持ちに気がついていないかもしれません。

　今、お子さんが頑張っていることがある場所に好きな色を使ったりし

ます。お子さんが今何に興味をもち、頑張っているのか、この機会に知っておくとサポートができると思います。

　ママと一緒に塗る場合、お子さんがママの真似をしたり、お姉ちゃんやお兄ちゃんの真似をするかもしれません。そんな時、「真似しちゃダメ！」「見ちゃダメ！」と言わないでください。子どもは模倣（真似）からさまざまなことを学び、「やってみよう！」という気持ちが芽生えます。自分でやろう！　やりたい！　という気持ちは子どもの成長に欠かせません。それを否定されたり、拒否されたりすると、自信をなくしてしまいます。思い出してください。私たちもじょうずな友だちの絵を真似したりしませんでしたか。ママの真似をする場合、ママに憧れているかもしれません。お姉ちゃんやお兄ちゃんの真似をしているようでしたら、お姉ちゃんやお兄ちゃんみたいになりたいと思っているかもしれません。真似している本人ではなく、真似されているお姉ちゃんやお兄ちゃんに、「あなたに憧れているのよ」と、そっと耳打ちしてあげてください。きっと、お姉ちゃんやお兄ちゃんも悪い気はしないと思います。

　では早速お子さんに塗ってもらいましょう。
　用意するものは、次の3つです。

　巻末にある心色リーディングシート（何枚もコピーして使ってください）
　12色の色えんぴつ
　第3章2.でお話しした基本の12色の意味

　お子さんに塗ってもらう際に、「好きなように塗っていいよ」と声を

かけてあげてください。ハートを１色で塗るお子さんもいれば、たくさんの色を塗るお子さんもいますが、好きなように塗ることで、お子さんの心がより素直に表れます。ですから自由に楽しく塗らせてあげてくださいね。できたら、ママも一緒に塗ってみてください。子どもの気持ちとママの気持ちはリンクしています。ママが自分自身の気持ちに気づくことは、子どもの気持ちを知る以上に必要な場合もあるからです。

　心色リーディングシートには簡単な質問が書いてあります。こちらも、お子さんが記入する時に悩んでいたり、書きたくなさそうでしたら無理に書かせないでくださいね。今のお子さんのそのままを感じてあげてください。

　必ずお願いしたいのは日付です。子どもたちの気持ちは日々変化します。ぜひ、子どもの成長記録の一環として心色リーディングをお使いください。

　ここで、ある親子の事例を紹介します。心色カウンセリングを受けて、親子がお互いの気持ちに気がついたケースです。

　Mさん親子は母親40歳、息子さん13歳（中１）です。Mさんが心色カウンセリングにみえたきっかけは、息子さんのことでした。息子さんはなにかに悩んでいるものの、自分でもそれがなんであるか分かりませんでした。Mさんも子どもの気持ちが分からず、心配とのことでした。

　そこで息子さんの心色リーディングをしたところ、こんな色を塗って

くれました。

上の色から、こんな気持ちが感じられました。

外側　学校や社会で見せている自分＜緑＞「人と同じでないといけない」
真ん中　親しい人や家族に見せている自分＜黄＞「楽しいことがしたい、忙しい」
内側　自分の本当の気持ち＜青＞「一人の時間がほしい」

　息子さんに「こんな気持ちが感じられますがどうですか」と聞くと、「うわぁ、そうかも…」と言います。私はこう言いました。

　「学校ではみんなと仲良くしたいので、みんなと同じでなくてはいけない、という気持ちがはたらくんじゃない？　だから、時に気をつかい過ぎて、自分の気持ちが分からなくなってしまったり、優柔不断になるんだよ」

　すると彼は目を丸くして「本当にそんな感じです」と言います。

「家では楽しいことがしたいのでは？」と聞くと、「音楽が好きなので楽器が弾きたい。でも一人部屋がないし、お母さんがフルタイムで働いているから家事を手伝わないといけない。本当は学校から帰ってきたら好きなことがやりたいけど、洗濯物を入れたり、夕飯の支度の手伝いをしたりしないと、お母さんが大変だから…」と言います。

自分の本当の気持ちである内側の青は、「一人の時間がほしい」ですが、そこには一人部屋がほしいという思いや、母親を助けたい優しい気持ちも表れているように感じました。

心色カウンセリングが終わると、彼は「あー、すっきりした」とお母さんに話したそうです。学校で相談員をしていても感じますが、自分でも自分の気持ちが分からない子どもが多くいます。しかし、色で気持ちを見せてあげると、子ども自身も納得しながら自分の気持ちを再確認できます。

続いてお母さんの心色リーディングです。

上の色から、こんな気持ちが感じられました。

外側　学校や社会で見せている自分＜紫＞「職場の人間関係で悩ん

でいる」
真ん中　親しい人や家族に見せている自分＜赤＞「子どもの気持ちが分からずイライラ」
内側　自分の本当の気持ち＜橙＞「もっと楽しいことがしたい」

　現在職場の人間関係に悩み、フルタイムによる忙しさから、自分らしさを見失い、ストレスをかなり抱えているように感じました。そのことを彼女に話すと、フルタイムで働くため、息子さんに負担をかけていることや、本当にやりたいことがあるのに職場を辞められないことなどを涙ながらに話されました。
　息子さんがお母さんを助けたいと思っていることを伝えると、「負担をかけていたのですね…」と言い、笑顔で帰って行かれました。

　その後、彼女からこんなうれしいメールをいただきました。
　「セッションを受けたあと、いろいろと考え、仕事を思い切って辞めました。子どもにかけていた負担も取り除きながら、自分が本当にやりたいと思っていることをやりたいと思います。息子のすっきりした顔を見て、自分もすっきりしました。私が悩んでいるのを見ると、子どもは『藤原さんのところへ行って来たら』と言うんですよ」

　お母さんと子どもの気持ちはリンクしています。私自身もアトピーの長男を育てながら、アトピーの症状がひどくなるたびにイライラしていました。ある時、ふと思いました。私がイライラしているから息子のアトピーがひどくなるのではないか、と。結果はそのとおりでした。
　子どもさんの気持ちが分からない、知りたいと思う時は、まず自分自

身の本当の気持ちに気がつくことです。だから、ぜひ親子で心色リーディングを楽しみながら体験してみてください。分析する時は、決めつけるのではなく、「こんな気持ちがあるのかもしれない」といった感覚で受け止めてください。

　私は、心色リーディングで分析をしたら、その結果を親子のコミュニケーションに使うことが大切だと考えています。次の章ではそのお話をしたいと思います。

第4章　心色リーディングで親子のコミュニケーション
具体的な実践編

１. 子どもの良いところに目を向けよう

⑴　ほめる前に良いところを探そう！　リフレーミング

あなたは子どもの良いところをいくつ挙げられますか。
子どものダメなところはいくつ挙げられますか。

　短時間で子どもの良いところを10個以上挙げることができたママ、反対にダメなところを10個以上挙げることができたママ、どちらも素晴らしいと思います。なぜならば、それくらい子どものことを分かっている、しっかり見ているママだと思うからです。
　以前の私は子どもの良いところを10個以上挙げることができないママでした（今は、良いところが短時間に10個以上言えるママになりましたが）。

　以前の私は子どものダメなところにばかり目がいき、いつも心配と怒りの感情が交互していました。「怒り」は二次感情といいます。怒りの下には、どんな人にも「心配」や「不安」といった一次感情があります。ところが私たち母親は、一次感情によってではなく、「怒り」の二次感情で怒ってしまいがちです。

たとえば、こんな相談があります。

「子どもが言うことをきかないので、腹が立って怒ってしまいます」

この場合、言うことをきかないので腹が立って怒ってしまうのですが、じつは、たんに言うことをきかないから腹を立てているのではなく、人の言うことをきけないと、こんな不安がよぎるからです。

「外でも人の言うことをきかず、仲間外れにされたらどうしよう」

こんな不安に「親である私のしつけが悪いと思われる」という心配も加わり、それが「怒り」となって子どもを叱ってしまうのです。

ここでリフレーミングについて考えてみましょう。
リフレーミングとは、ある枠組み（フレーム）で捉えられている物事の枠組みを外して、ちがう枠組みで見ることです。
たとえば、「自分勝手」という性格をリフレーミングすると（他の枠組みで捉えると）、「マイペース」となりますし、「負けず嫌い」という性格をリフレーミングすると「向上心がある」になる、といったぐあいです。

ちなみに、「言うことをきかない」子どもの性格をリフレーミングすると「自分の意見や意志がある」に変わります。すると、子どものできていないところ、ダメなところは、じつは良いところや長所に変わります。

余談になりますが、ＰＴＡ講座などで、このリフレーミングをお伝えすると、ママたちは皆さん「そうだったのですね…」と言い、子どもを見る目が変わりました、という感想をいただきます。

　最初に「子どものダメなところ」をいくつか挙げていただきましたね。これを次頁の表を使ってリフレーミングしてみてください。きっと子どもを見る目が変わりますよ。

　わが家の末息子はとても「心配性」でした。これをリフレーミングすると「用心深い」となります。小学校低学年のころは心配性だったので、宿題も早めにやる子でした。学校へ書類を提出する際には、なん回も「用心深く」確認してくれたので、うっかりものの私はずいぶん助けられたものです。
　でも当時の私は「そんな心配ばかりせず、もっと堂々としてほしい」と思っていました。ところが、成長とともにその「心配性」は薄れ、反対に忘れ物をしても懲りなくなるなど、ちがう心配を私にさせるようになりました。今では希望どおり堂々としている息子ですが、そんな息子を見ると、もとの心配性だったほうがよかったかな…と思ったりします。そんな自分をゲンキンな母親だと反省したりもします。

＜リフレーミング・子どもの良いところを知ろう＞

短所	長所	短所	長所
ずうずうしい	押しが強い	引っ込み思案	控え目
群れたがる	協調性がある	ご機嫌取り	気配りじょうず
自分勝手	マイペース	熱苦しい	情熱的
口先だけ	弁が立つ	口べた	寡黙
仕切りや	リーダータイプ	人任せ	甘えじょうず
スキがない	しっかりしている	頼りない	放っておけない
視野がせまい	一途	八方美人	視野が広い
頑固者	自分をもっている	ミーハー	流行に敏感
未熟	可能性を秘めている	夢がない	現実的
妄想癖	ロマンチスト	変人	芸術家肌
平凡	常識人	ケチくさい	倹約家
負けず嫌い	向上心がある	事なかれ主義	平和主義
計算できない	裏表がない	ずるい	かけひきじょうず
理屈っぽい	論理的	感情的	自分に素直
神経質	繊細	おおざっぱ	おおらか
心配性	用心深い	能天気	楽観的
融通が利かない	計画的	行き当たりばったり	臨機応変
せっかち	素早い	のろま	落ち着きがある
薄情	クール	情に流されやすい	情が深い
衝動的	思い切りがいい	優柔不断	思慮深い
投げやり	執着しない	しつこい	ねばり強い
高望みする	理想が高い	無節操	キャパが広い

参考文献　短所を長所に変えたいやき　株式会社アイタップ

第4章　心色リーディングで親子のコミュニケーション

　心理学にゲシュダルトの「欠けた円」があります。これは、人間の心理的特徴を知るための円です。
　下に描いてある2つの円をご覧ください。どちらが印象に残りますか。

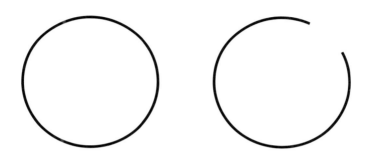

　ほとんどの人は右側の欠けている円に目がいくのではないでしょうか。人間は欠けているところに目がいきやすいという心理的特徴があるからです。
　この円から気がついていただきたいのは、「欠けているところに目を向けるのではなく、満たされているところに目を向けましょう」ということです（リーフレーミングもその一つです）。
　つまり、子どものダメな部分ばかりでなく、じつは、できていることもたくさんある、ということに気がついてほしいのです。他の子どもと比べるのではなく、その子の成長に目を向けてください。子どもは徐々に成長していきます。去年できていなかったことが、今年はできていたりします。そこに目を向けてください。また、子どものダメだと思っているところは、じつは子どもの良いところだと気がついてください。そうすれば子どもを見る目が変わりますよ。

子どもの良いところに目が向いたら、次はタイミングよくほめること です。

次の(2)では、子どもの好きな色から具体的なほめ方、接し方をタイプ 別でお話ししたいと思います。

(2) **色別、ほめ方実践編**
最初に、第3章で実際に塗ったお子さんの心色リーディングを用意し てください。
次に、それを以下の図に照らし合わせてみてください。

①一番外側
　（外で見せている自分）
②二番目（真ん中）
　（親しい人に見せている自分）
③三番目（内側）
　（自分の本当の気持ち）

そして、三番目（内側）「自分の本当の気持ち」に塗った色を参考に、 以下に示す「色別のほめ方」を実践してみてください。

<赤>　ほめる、おだてる。これでうまくいきます。「練習をよく頑張ったから勝つことができたね」「ママは感心していたんだよ」など、頑張りを分かりやすい形で伝えてあげるとより頑張ります。

　　欠点や細かいミスは指摘せず、大目にみましょう。赤が好き、または赤を内側に塗っている時はやる気もありますが、反発心もあるからです。反発心を掻き立てないように注意が必要です。

<橙>　自分を否定されることを嫌がります。傷つきやすい面をもち、周囲の目も気にします。だから注意する時は人目につかないところで注意しましょう。橙は赤と黄の混色です。赤同様、ほめられることが好きです。特に自信をもってなにかに頑張っている時は応援してあげましょう。

<黄>　かまってもらいたい、認められたいという願望があるので、今、興味をもっていることを一緒に楽しんであげると喜びます。楽しいことが大好きなので、興味のあるイベントや、楽しい場所に一緒に行ってあげましょう。

<黄緑>　新芽の緑の色です。やる気がある時に気になる色です。今頑張りたいと思っていることを応援してあげましょう。プレッシャーを感じている時にも気になる色です。楽しいことで気分転換してあげるのも効果的です。

<緑>　協調性を大切にするため、自分の本音を言わないことがあります。本音はどうなのか、気にしてあげましょう。おだては効かない

タイプが多いので、「コツコツ頑張ったから成績が上がったね」など具体的にほめてあげましょう。

また、本音が言えないので、時々自然なタイミングで悩みを聞いてあげましょう。

＜青＞ じっくり考えている時かもしれません。その子のペースを乱さないよう、見守りましょう。悩んでいたり、物事がうまくいっていないように見える時は、休息の時間を取らせてあげたり、ポジティブな言葉をかけたり、話をしっかり聞いてあげたりしましょう。

＜水色＞ 明るく、創造性をもった子が好む色です。ところが反面、孤独感や、劣等感をもっていることがあります。好きなことや、趣味の時間を自由にもたせてあげたり、口を挟まず見守ることが効果的です。

＜紫＞ 紫は赤と青のちょうどバランスが取れた状態の色です。紫を好む子は、バランスを崩しやすいタイプが多いです。バランスが取れている時は、自分の考え、自分のやり方でやっていくので見守るだけで大丈夫ですが、バランスを崩した時には注意が必要です。どんな言葉かけで機嫌が直るのか、ふだんから観察しておくと声かけがしやすくなります。

「人とちがって良くできているね」「なかなかこんなふうにできないね」など、人とちがう才能をほめてあげると心に響きます。

＜桃＞ 甘えたい気持ちと、頼られたい気持ちをもち合わせています。自分の価値をきちんと評価してほしいタイプが多いので、感謝の気持

ちをしっかりその都度伝えましょう。「あなたがいてくれてうれしい」。この言葉が響きます。また、しっかりして見られたい反面、甘えたい気持ちも強いので、時には赤ちゃんのように抱っこしてあげるなど、十分に甘えさせてあげることが大切です。

<黒>　黒はなに色にも染まらない強さを表す色です。同時に、カッコ良さ、強さをアピールする色です。黒を好む子には「ガッコいいね」という言葉が響きます。強さを表す色を好むということは、反対に弱さを見られたくない気持ちが表れているかもしれません。そんな時は、優しく、「時には甘えてもいいんだよ」と声をかけてあげましょう。

<白>　黒とは対照的に、なに色にも染まれる柔軟性のある色です。白を好む子はそんな純粋さをもつ反面、汚れたくないといった完璧主義な面ももち合わせています。黒同様、時には甘えさせたり、失敗しても大丈夫と伝えてあげましょう。

以上がタイプ別の具体的なほめ方、接し方です。

ほめる、認めることで子ども自身が、失敗しても大丈夫なんだ、僕（私）は失敗してもママに愛されているんだ、という安心感をもつことができます。
　この安心感が、自分は生きる価値がある、誰かに必要とされているといった自己肯定感につながります。
　時には、子どもの言動や、態度、行動に腹が立ち、感情的に叱ったり、怒ってしまうこともあると思います。そんな時は、後から謝ることが大

切です。そうすることで、大人でも失敗するんだ、だから、僕（私）も失敗しても大丈夫なんだ、と思うようになります。ですから、ご自分の失敗体験もたくさん話をしてあげてください。

　私たち大人もそうですが、ほめられると素直にうれしいですよね。ほめられたら「そんなことない」と謙遜するのではなく、ママたちも「ありがとう」と素直に受け取りましょう。

　まずは、ママ自身がほめじょうず、ほめられじょうずになりましょう。

2．コミュニケーションの基本は聴くことから

(1) 傾　聴

　「きく」という漢字には、「聞く」と「聴く」があります。子どもが小さいころに読んだ育児本に「聞く」と「聴く」のちがいが書いてありました。それを見た時は、ほんやり、そうなんだ、と理解した程度でした。

　「聞く」とは、その字の通り単に「きく」ということです。それに対し、「聴く」は、「心を込めて聴く」という意味があります。私は、心を込めて聴くことで、聴き手の気持ちや姿勢が相手の心に伝わることを実感しました。

　私が「聴く」を意識し始めたのは、看護師として小児科に勤務していた時でした。そのころ、子育ての悩みや相談を受けるようになったのですが、その時に、「ただ聞くのでは相談相手に満足してもらえない」と感じたのです。「心を込めて聴く」ことで、初めてこちらの気持ちや姿

第4章　心色リーディングで親子のコミュニケーション

勢が相手に伝わり、相手は満足してくれます。

「聴く」をさらに深めたものに「傾聴」があります。
　傾聴とは「耳を傾け、まっすぐな心できく」ことです。それは、相手を理解しようという気持ちをもってきくこと、といえます。心を込めて聴くことに加え、相手を理解しようという気持ちで臨むと、相手は聴いてもらえた、という満足感を得るのだと思います。

　子どもの話を傾聴する時に大切なポイントが二つあります。

　一つ目は、子どもが話す時に子どもの顔を見ること。
　なにかをしながら子どもの話を聞いていませんか。
　私も、なにかに夢中になっていたり、スマートフォンを触っていたりしながら子どもの話を聞いていたことがありました。そんな、なんとなく聞いているような時は、子どもから「また聞いてないし」と叱られたものです。
　だから最近は、子どもに話しかけられた時には、いったんスマートフォンを触るのをやめるようにしています。どうしても急ぎの用件や仕事がある時は、「少し待ってて、〇〇分で仕事が終わるから」と伝え、待っていてもらうようにしています。
　顔を見て話を聴くことで、子どもたちも「聴いてもらえた」という満足感を得ます。

　二つ目は、子どもの話を最後まで聴くことです。
　子どもが話している時、途中でさえぎらず最後まで聴いていますか。

話の途中で、つい意見を言ってしまったり、そんなことは…と否定したりしていませんか。

　昔の私はそんなお母さんでした。忙しいから、と最後まで話を聴かず、私の意見や考えを押しつけていたように思います。わが家の子どもたちは今では大きくなりましたが、私にいろいろな話をしてくれます。それは、私が最後まで話が聴けるようになったからだと思います。

　子どもがあまり話をしてくれない…とお悩みのママ。
　子どもが話しかけてきたら、顔を見て話を聴く。最後まで話を聴く。そして、子どもの気持ちを理解しようという気持ちで耳を傾けてくださいね。

⑵　声のかけ方・伝える力

　⑴では傾聴、すなわち子どもとの関係がうまくいく話の聴き方をお伝えしました。話を聴いたら、次は「伝える力」が必要になります。
　この「伝え方」はとても重要で、子どものやる気にもつながります。

　私たち母親と子どもが会話をする時のコミュニケーションの取り方は、大きく分類すると二つあります。
　一つは「Ⅰ（アイ）メッセージ」、もう一つは「You（ユウ）メッセージ」です。

　「Youメッセージ」とは「あなたは〇〇だ」というように、相手を主語にして話すことです。この場合、相手のことを一方的に〇〇だと決

めつけた話し方になります。別の言い方をすると、Youメッセージは、相手より上の立場からの話し方になります。

「Ｉメッセージ」とは「私は〇〇」「ママは〇〇」というように、自分を主語にして話すことです。
　この話し方は、ママの意見を子どもに伝える話し方です。
　Ｉメッセージは「あなたは〇〇だ」というYouメッセージより相手の心に届きやすいといわれています。

　たとえば、なにかができた子どもをほめる時、
　Youメッセージだと、「上手にできたね！　すごいね」となりますが、
　Ｉメッセージだと「上手にできて、ママは感心したよ」となります。

　どちらも子どもにとってほめられたことにちがいはありませんが、人は自分の行動が相手に影響を与えたり、相手が喜んだことを伝えられたほうが、よりうれしく感じる傾向にあるそうです。
　ですから、子どもも「ママは感心したよ」という言い方をされると、ママにほめられてうれしい、と強く感じることができ、また次もやろう！という気持ちが起こるのです。

　これに対し、Youメッセージは、子どもたちにとって「ママの決めつけ」と感じやすいので、反抗期のお子さんや思春期のお子さんは「僕（私）のことを決めつけた」と思い、必要以上に攻撃的な態度にさせることがあります。子どもたちは、話の内容よりもママの決めつけた話し方に反応するのです。

同じ内容でも、Ｉメッセージで「ママはこう思う」「ママはこうしてほしい」と話すと、子どもたちは「今のはママの意見。僕（私）はそれに賛成しても反対してもいい」と受け取ります。Ｉメッセージを受け取った相手は、その意見に反対する自由をもっています。もし反対ならば、「僕（私）はその意見に反対。僕（私）はこう思う」と言うことができます。このように、Ｉメッセージを用いたコミュニケーションは、親の意見を子どもに伝える話し方といえます。
　また、親が「Ｉメッセージ」を使うと、子どもは「ママは僕（私）を一人前と見なして、対等の立場で意見を伝えてくれた」と感じ、一人前らしくふるまうようになります。ママが子どもを一人前に扱うことで、子ども自身も一人前になっていくのです。

　このＩメッセージ、なにかを決めたい時、とても役に立ちます。
　よくこういったご相談があります。

　「成績が思うように伸びず、私は子どもを塾に入れたい。でも子どもは嫌がるんです」
　ママは成績が悪い子どもの将来が心配。もしかしたら成績が悪くて、お友だちにバカにされたり、仲間外れにされていないかしら…と不安がどんどん膨らみ、勉強をしない子どもにイライラして怒ってしまいます。すると、子どもはますますかたくなになり、塾へ行きたがらなくなったり、勉強自体が嫌になってしまうことがあります。
　こんな時、このＩメッセージが役に立ちます。
　まずは「怒ってしまったのはあなたが心配だから」というママ自身の一次感情を伝えます。そうすると、子どもも「ママは心配してくれてい

たんだな」と分かります。そこでＩメッセージ。「ママは、塾に行って分からないところを教えてもらうと、勉強が分かるようになって、勉強が楽しくなると思うの。だからまずは見学や体験に行ってみない？」と伝えます。ここでは「ママの意見」を伝え、そして「塾に見学や体験に行ってみない？」と提案します。提案なので、「やる」「やらない」は子ども自身が選択できます。

このような会話をすることで、子どもは自分の意見を聴いてもらえることを実感します。そして、ママが子どもを一人前として認めることで、子ども自身も自分のこととして考えるようになります。

わが家でも、このような会話で嫌がる次男を塾に入れることができました。

このように、なにかを提案する時や話し合いをする時にいちばん気をつけていただきたいことは、子どもさんの機嫌です。必ず機嫌が良い時に提案をしたり、話し合うようにしてください。怒ったり、注意をしたりしたすぐあとは、子どもも聴く耳をもちません。そんな時は、少し時間をおいてＩメッセージで会話をして下さい。

　私自身、今から思うと、子どもにYouメッセージを多く使っていたと思います。しかし、大学で心理学を学び、相談員として勉強会に参加したり、さまざまな子育てセミナーで学んだことで、子どもへの声かけは変わっていきました。もっと早く知っていたら…とも思いました。皆さんは早速声かけを変えてみてくださいね。きっと子どもさんとの会話が弾むと思います。

子どもさんが思春期に入る前に良い関係を築いておけば、思春期は怖くありません。特に思春期のお子さんにはYouメッセージで決めつけ

の会話をするのではなく、Ｉメッセージで会話してください。決めつけではなく、ママの意見を伝えるメッセージで伝えてください。そして、子どもの意見を聴く姿勢で会話を楽しんでください。

(3) 色別、聴き方・話し方実践編

ここでは、お子さんの好きな色から、子どもの話の聴き方、話し方をお伝えしたいと思います。

<赤> 頑張り屋さんが好む赤。頼られることが好きなタイプが多いので、「困ったことがあるの」「相談にのってもらえる」など、頼りにしていきましょう。計算高いことは嫌がるので、正直にストレートにぶつかってきてくれることを好みます。

[話の聴き方] 誠意をもって話を聴きましょう。否定やミスを指摘されることを嫌がります。相手の言い分をまずは最後までしっかり聴きましょう。

[話し方] 相談ごとをするなど、頼っていきましょう。長い話は嫌なタイプが多いので、要点をまとめてストレートに誠意をもって話しましょう。「凄い」「カッコいい」「頼りにしている」といった言葉が響きます。

<橙> 洞察力があり、周りをよく見ています。人を喜ばせたり、一緒になにかをすることも好きなタイプです。明るく、楽しい人に見られがちですが、人の言動を気にします。

［話の聴き方］　人を喜ばせることが好きなので、ニコニコしながら楽しそうに聴いてあげましょう。またなにかしら決めていることを相談してきた時は、盛り立ててあげると喜びます。

［話し方］　繊細な面をもち合わせているので、自分を否定してくる人には反発心を強くもちますが、それを見せないので注意が必要です。赤のタイプは顔に表れますが、橙のタイプは隠します。「さすがですね」と認めながらほめる言葉が響きます。

＜黄＞　楽しいこと大好き。ただ明るいだけではなく戦略家が好む色。自分の気持ちに正直なので、気分にむらがあり、周りにはわがままに思われてしまう面があります。じつは、さみしがり屋なので、かまってほしい、認めてもらいたいタイプもいます。

［話の聴き方］　情報通なタイプが多いので、いろいろなことをよく知っています。その話を聴いて、盛り上げてくれる人を好みます。また、認めて欲しい願望も強いので、そのあたりに気をつけながら話を聴いてあげましょう。

［話し方］　自分独自の知識や、偏見、先入観をもっているので、時には深く語ってあげると成長していきます。この時に、否定から入ると話を聴かなくなるので、まずは会話を盛り上げてから、理論的に話してみましょう。

　「賢いね」「いろんなことをよく知ってるね」「楽しいね」といった言葉が響きます。

＜黄緑＞　新芽の色でもある黄緑。常に成長を意識している色です。具体的な目標を立てるとよく、ほめられると伸びるタイプです。スモールステップでコツコツやっていくと達成感を得て、さらに伸びます。計画したことが少しでもうまくいかないと、落ち込みやすいので注意が必要です。

[話の聴き方]　基本的にやる気があり、前向きなタイプが多いので、どんなことを頑張りたいと思っているのか話を聴いてあげましょう。大きな目標より、できた、できた、という経験が自信につながります。ほめながら、スモールステップを達成する喜びをともに感じてあげましょう。

[話し方]　過去の失敗にとらわれているかもしれません。ポジティブな言葉が響くタイプなので、過去の失敗をあれこれ言うのはやめて、未来に意識が向く話し方、声かけをしましょう。

　「できたね」「やれたね」「ここまで頑張るといいと思うよ」など、ほめながら未来に意識が向く言葉がけをしましょう。

＜緑＞　人と揉めること、争いごとを嫌います。人と同じことに安心し、中立なタイプです。だからこそ、嫌なことでも断れず無理をしたり、自分の本音を言えない場合があります。

　知らないうちにストレスをため込むタイプでもあり、それに気がついていないこともあるので注意しましょう。

[話の聴き方]　受け身なタイプが多いので、こちらの意見に合わせてくれます。こちらの意見を押しつけないよう、本当はどう思っている

のか、本当はどうしたいのか、時々聴いてあげましょう。興味のあることに対して、自分から「興味がある」「やりたい」とは言わないかもしれません。話を聴きながら、興味がありそうなこと、やりたいと思っていることを感じたら、やるように背中を押してあげましょう。本当は自分の殻を破りたいと思っているのもこのタイプです。

[話し方] 中立であることやみんなと同じことに意識が向くので、意見のまとめ役に向くタイプです。俺についてこい、という赤のリーダーに対して、緑のリーダーはみんなの意見を大切にします。ですから、困っていると感じた時は、はっきり意見を言ってあげると助かるでしょう。

「本当はどう思ってるの」「みんな一緒」という言葉が響きます。

＜水色＞ いつも前向きで、好奇心が旺盛で、情報通が多いです。その反面、繊細で傷つきやすく、理想と現実のギャップに悩んだりもします。

[話の聴き方] 好奇心旺盛で情報通なので、興味のあること、教えて欲しいことをどんどん聴いてあげましょう。喜んでたくさんの情報を提供してくれます。ただ、理想が高いので、自分の知らないことを聴かれたり、否定すると、傷つきやすく落ち込むので注意が必要です。

[話し方] たくさんの情報をもつタイプが多いので、その情報をしっかり受け取りましょう。興味をもって話を聴き、質問したりしながら、話に乗ってあげると喜びます。こちらの知っている情報もどんどん教えてあげましょう。会話が弾み、お互いに情報を共有できます。

「なんでもよく知ってるね」「教えて」といった言葉が響きます。

<青>　冷静沈着でクールな印象を与えるタイプ。頼まれごとが断れない面もあります。じっくり考えてから行動し、一人の時間を大切にします。ずっとみんなと一緒だと疲れてしまうので、一人の時間をもたせてあげましょう。

[話の聴き方]　誠実な態度を好みます。話を聴く時は、誠実な態度で聴き、誠実に対応しましょう。相談などをすると、言葉は少ないですがじっくり考えて返事をします。急がせたりせず、じっくり待ってあげましょう。優しいため、どんなこともいったんすべて受け入れます。また、断ることが苦手なタイプが多いので、こちらからの声かけにも注意が必要です。

[話し方]　聴く態度と同じく、誠実な態度で話しましょう。素直で優しいタイプが多く、常に率直な意見を求めています。受け身タイプが多いので、ポジティブな言葉がけをしましょう。

　「きちんとしている」「誠実」という言葉が響きます。

<紫>　赤と青の混色で両方の色のバランスが取れた状態が紫です。赤のやる気と青の冷静さをもち合わせています。個性的で、人と同じことを嫌がります。「不思議ちゃん」が多いといわれ、それが魅力でみんなを引きつけます。

[話の聴き方]　「不思議ちゃん」で分かるように、感覚がふつうの人と少しちがいます。どんな話にでもうまくバランスを取り対応してくれますが、芸術的な話に興味を示すタイプが多いので、そういった話を引き出して聴いてあげましょう。

[話し方]　不思議ちゃんで独特な感性をもっているので、そこを引き出す話をすると会話が弾みます。

　「人と違っていいね」「人と違ってステキ」などの言葉が響きます。

<桃>　桃（ピンク）が好きな人は優しく、甘えじょうずなタイプが多いです。反面、かまってほしい、認められたいという願望をもっているので、なにかをしてもらった時などは、きちんと感謝の気持ちを伝えたり、お礼をしましょう。

[話の聴き方]　自分の存在を認めて欲しい、認められたいという願望をもっています。そっけない態度や仲間に入れなかったりすると傷つきやすいので注意しましょう。

[話し方]　そっけない態度や返事をすると傷つくので、ていねいな返事を心がけましょう。気を引きたい面をもち合わせているので、あなたの話に興味があるという姿勢で話をしましょう。

　「いつもありがとう」「あなたがいてくれてよかった」という言葉が響きます。

<白>　完璧主義で、礼儀を重んじます。白が好きな子は、子どもとして扱われることに反感をもったりします。より高い理想に向かって頑張るタイプです。

[話の聴き方]　白色はなに色にも染まる柔軟性があるので、話にも柔軟性があります。完璧主義な面があるので警戒心をもっています。警戒心を和らげる声がけをしながら話を聴きましょう。

［話し方］　完璧主義のため、いろいろ無理をしている場合があります。無理していると感じた時には、休息も大切だということを伝えましょう。だらだら会話をすることに抵抗があるかもしれないので、会話にメリハリをつけると話が弾みます。
　「大人っぽいね」という言葉が響きますが、いちばんは礼儀を重んじることです。

＜黒＞　黒は白に反して、なに色にも染まらない色です。自分というものをしっかりもっています。弱い自分を人に見せたくない気持ちをもっています。軽はずみな意見は効きません。

［話の聴き方］　黒が好きなタイプは軽はずみな会話を嫌がります。自分を認めている相手かどうかを見極めます。弱い自分をさらけ出せないタイプも多いので、まずは信頼関係を築きましょう。
［話し方］　上から目線の話し方には反発をします。あなたのことを認めています、という姿勢を示し、信頼関係を築けるような会話を心がけましょう。
　「カッコいいね」「高級感があるね」といった言葉が響きます。

　好きな色別の、話の聴き方、話し方をお伝えしました。ぜひお子さんとの会話を楽しんでくださいね。
　そしてママ自身も自分の好きな色別の、話の聴き方、話し方を参考に、自分はどんなふうに話をされると会話が弾むのか、どんな会話は苦手だと感じるのか、自分自身を知るために知っておくといいですね。

好きな色を知ることで、子どもとの会話のヒントになったり、子どもの気持ちを知るヒントになります。
　この色が好きだからこうなんだ、と決めつけるのではなく、「そうかもしれない」というコミュニケーションの参考として色を使ってくださいね。

おわりに

　私の眉間には深いしわが刻まれています。
　これは、私がいかに怒りんぼうママであったかを証明しています。

　結婚して3年目に待望の子どもを出産しました。
　可愛くて、可愛くて、目に入れても痛くない、本当にそう思っていました。ところが成長するにつれ、良い子に育てないといけない、良いママでないといけない、そんな思いが頭をよぎり、いつしか私は子どもを怒ってばかりいる母親になっていました。

　そんな私が変わるきっかけになったのが、今から10年前、小学校の心の教室相談員になったことでした。
　それまで自分の子どものダメなところにばかりに意識が向いていましたが、相談員になったことでたくさんの保護者の方々の話を聴くことができ、子どもを怒ってばかりいることに罪悪感をもっていたのは私だけじゃないことに気がつきました。

　そして、子育てに悩むママたちの心をサポートしたい、色で心が見えることを伝えたい、そんな思いから2013年、誰にでも簡単にできるカラーセラピーを作りたいと考え「心色リーディング」を考案しました。
　相談室でただ話を聴くだけでなく、「心色リーディング」をすることで、言葉が未熟で気持ちがうまく表現できない子どもたちの心を感じ取るこ

とができました。そして、そんな見えない心の内を、担任の先生や保護者の方にもお伝えすることができるようになりました。
　学校以外でも、心色リーディングを使った親子カウンセリングを始めたことで、子育てが苦しい…、子どもの気持ちが分からない…、そんなふうに悩んでいるママたちの手助けになれば…、そんな思いから本を書こう！と思うようになりました。

　実際本を書くということは想像以上に大変なことでした。そんな私を支えてくれたのは家族や友だちでした。
　家事が滞っても文句も言わず、私の身体を心配してくれた家族には本当に感謝しています。何より、今私が好きなことだけを仕事にしていられるのは、主人のお蔭だと思っています。「人の役に立つことをするのに文句を言う人はいないと思うよ」、この言葉を励みに頑張ることができました。
　怒ってばかりの私に育てられた長男には18歳の時に謝罪しました。すると息子から「お母さんから見て僕はどんな子ども？」と聞かれ、「私の子どもにはもったいないくらいの子どもだよ」と伝えると、「そう思うなら二度と謝らないで」と言ってくれました。三人の子どもに恵まれ、三人の子どもたちから、たくさんの気づきと、たくさんの学びを得て、母親にしてもらったのだと感謝しています。

　娘や末息子からは「お母さんは好きなことが仕事にできていいね」と言ってもらいました。
　大好きな色に関わる仕事ができ、大好きな子どもたちに囲まれている相談員の仕事ができる私は本当に幸せ者です。

決して私は特別な人間ではありません。30代前半は子育てに疲れ、後ろ向きで、他人を羨んでばかりいる怒りんぼうな母親でした。

　そんな私が変わるきっかけになったのは、好きなこと、やりたいことが見つかったからでした。色は私に、やりたいこと、好きなことに気がつかせてくれました。そして、たくさんの人や大切な家族とのコミュニケーションが円滑になったのも、色で心が分かるようになったからです。後ろ向きで、他人を羨んでばかりいた私にさようならできたのは、色が自信を与えくれたからです。

　「人生無駄なことは何もありません」
　可愛くて、可愛くてしかたなかった息子が可愛いと思えなくて苦しんだ自分、後ろ向きで他人を羨んでばかりいた自分、そんな自分があったからこそ、今の自分になれたのだと思っています。

　今、子育てが苦しいと感じているママ、やりたいことが見つからないと悩んでいるママ、きっと今はその渦中にいるので苦しさ以外感じられないのだと思います。
　未来の自分が振り返るならば、きっとそんなこともあったね！と笑っていると思います。

　今の私を素敵！と思ってくださるなら、それはきっと、未来のあなたです。
　あなたが変わることで、家族が変わり、周りの人間関係も変わります。
　この本が、そんなあなたの子育てのヒントになれば嬉しく思います。

ふじわら まりこ（藤原 真理子）
1968年生まれ。東京福祉大学社会福祉心理学科卒。正看護師、認定心理士、カラーセラピスト。名古屋大学医学部付属病院などで勤務、2006年から小牧市の小学校で心の教室相談員、2010年に心色空間Ajna・アーニャ主宰。

子どもの心を読み解く 心色リーディング
2016年12月14日　　第1刷発行

著　者　ふじわら まりこ
発行者　坂本喜杏
発行所　株式会社　冨山房インターナショナル
　　　　〒101-0051　東京都千代田区神田神保町1-3
　　　　TEL. 03-3291-2578　FAX. 03-3219-4866
　　　　http://www.fuzambo-intl.com
印　刷　東京平版株式会社
製　本　加藤製本株式会社

© Mariko Fujiwara　2016　Printed in Japan
ISBN978-4-86600-023-7 C0011
（落丁・乱丁本はお取り替えいたします）

冨山房インターナショナルの本

子育てに「もう遅い」はありません　　内田伸子 著

赤ちゃんてこうなんだ、遊びって大事なんだ、心配することないんだ…。子どもの発達としつけの関係など、子育てに大切なこと、親が本当にすべきことを語ります。(1200円＋税)

病気知らずの子育て ——忘れられた育児の原点

西原克成 著

母乳中心、おしゃぶり、ハイハイの大切さ…。日本の子育ては世界で最もすぐれていた！確かなサイエンスと具体的な実績に裏打ちされた目からウロコの西原流育児法。(1400円＋税)

あかちゃんは口で考える　　田賀ミイ子 著

歯や舌や唇の動き、よく噛むことが脳や体全体につながるという、あかちゃんにとって大切な口の働きについて、家族みんなに知ってほしいという願いを込めた一冊。　(1300円＋税)

わらべうたでゆったり子育て

相京香代子　深美馨里 著

わらべうたには子どもたちが育っていく上で大切な情緒、ことばや運動機能、人との関わりなどに果たしている大事な役割がある。本書は乳幼児期のわらべうたを紹介。　(1200円＋税)

保育者のための
世界名作への旅 ——保育に生かす すてきな言葉

荒井 洌 文　深井せつ子 絵

『アルプスの少女』『大きな森の小さな家』『銀の匙』等々、世界中の人々に愛読されている作品の中から、保育に生かす言葉を厳選。のどかな世界に魅せられる一冊。　(2000円＋税)

＜心色リーディング＞

自分の気持ち、子どもの気持ちを知ろう！

●三連のハートを12色の色えんぴつを使って塗ってみましょう！

年　　月　　日（　　）　　名前

●塗り終わった方は、次の質問にお答えください

＊ハートをどの位置から塗りましたか　　　外側　　真ん中　　中央

＊塗る時にふち取りをしましたか　　　　はい　　いいえ

＊あなたの好きな色は塗ってありますか　　はい　　いいえ
　はい　と答えた方はその色はどの場所に塗ってありますか
　　　　　外側　　　真ん中　　　中央

＊好きな色（　　　　　　　　　　　　　　　　　　　）
＊嫌いな色（　　　　　　　　　　　　　　　　　　　）
＊今、頑張っていること（　　　　　　　　　　　　　）

＜心色リーディング＞

自分の気持ち、子どもの気持ちを知ろう！

●三連のハートを12色の色えんぴつを使って塗ってみましょう！

年　　月　　日（　）　　名前

●塗り終わった方は、次の質問にお答えください

　＊ハートをどの位置から塗りましたか　　　外側　　真ん中　　中央

　＊塗る時にふち取りをしましたか　　　　はい　　いいえ

　＊あなたの好きな色は塗ってありますか　　はい　　いいえ
　　はい　と答えた方はその色はどの場所に塗ってありますか
　　　　　　　外側　　　真ん中　　　中央
　＊好きな色（　　　　　　　　　　　　　　　　　　　　）
　＊嫌いな色（　　　　　　　　　　　　　　　　　　　　）
　＊今、頑張っていること（　　　　　　　　　　　　　　）

＜心色リーディング＞

自分の気持ち、子どもの気持ちを知ろう！

●三連のハートを12色の色えんぴつを使って塗ってみましょう！

　　　　年　　月　　日（　）　　名前

●塗り終わった方は、次の質問にお答えください

　＊ハートをどの位置から塗りましたか　　　外側　　真ん中　　中央

　＊塗る時にふち取りをしましたか　　　　はい　　いいえ

　＊あなたの好きな色は塗ってありますか　　はい　　いいえ
　　はい　と答えた方はその色はどの場所に塗ってありますか
　　　　　　外側　　真ん中　　中央
　＊好きな色（　　　　　　　　　　　　　　　　　）
　＊嫌いな色（　　　　　　　　　　　　　　　　　）
　＊今、頑張っていること（　　　　　　　　　　　）